荻原博子の貯まる家計

荻原博子

毎日新聞出版

はじめに

ちょっとしたコツがわかれば、お金は「貯まる」!

「お金を貯めるのは苦手」と思っている人は、多いと思います。

けれど、**「自転車に乗るのは苦手」**や**「人前で話すのは苦手」**と思っていた人が、練習してコツをつかめばスイスイ自転車に乗れるようになるかもしれないし、人前でのスピーチは苦手という人が、練習して**コツをつかめば**人を笑顔にさせるようなスピーチができるかもしれません。

それと同じように、お金の貯め方も、**練習してちょっとしたコツをつ**

かめば「こんなに簡単だったのか」と思えるでしょう。そして、不安がなくなった家計を嬉しく思うはずです。

お金が貯まる最も大事なコツは、「貯まる仕組みを作ること」と「無駄な出費をしないこと」。そして「稼ぐ」ことの3つ。

「貯まる仕組みを作ること」は、「お金を貯める順番」をもう一度見直して、忘れていてもお金が貯まっていく「天引きシステム」を中心に、同じお金を払うにも、まとめ払いのような「お金が残る」仕組みや、「コツコツが楽しみになる貯金」の方法を学んでいきます。

そうすれば、「貯めること」が、楽しくなります。

「無駄な出費をしないこと」では、お金を失いかねない危ない投資や、結局無駄になってしまいそうな保険、貯金にならない保険などを取り上げ、損せずお金と上手に付き合っていく方法を中心に、さまざまな「無駄な出費」を再点検しています。

「稼ぐ」については、無理せず楽しく働いて稼ぐには、どうすればいいのか。パートの「有給休暇」や、税金のことも含めて紹介しています。

「人生100年時代」。今は60歳を過ぎても、その先に、まだまだ長い人生が待っています。

昔は、60歳で定年退職すると、そこから先は「余生」と言われていました。が、今は、70歳を過ぎても、しっかり働き税金を納めるという人が少なくありません。

本書は、「貯まる仕組みを作ること」と「無駄な出費をしないこと」。そして「稼ぐ」という3つの柱と、これからのお金との付き合い方を軸に、無理なく楽しい人生が送れるお金のプラン、アイデアを詰め込みました。

私が初めて「**自転車**」に乗れるようになったのは、小学校5年生の時。友達はずっと前から乗れたのに、私だけ乗れずに恥ずかしかったのですが、今は亡き父に励まされ、練習してコツをつかんだらスイスイ乗れるようになりました。最初に乗れた時の感動は、今でも覚えています。

「スピーチ」についても同様です。実は、昔の私はあがり症で、しゃべることが苦手でした。そんな私が、やっと人前で萎縮せずに話せるようになったのは、30代の頃に森本毅郎さんのラジオ番組にレギュラー出演させていただいたのがきっかけです。森本さんに励まされ、10年ほど鍛えていただいたおかげで、それまで苦痛だった「しゃべること」が楽しくなり、人前で自分の意見を臆さずに言えるようになりました。

今思えば、どちらも、長いあいだ越えることが「難しい」と思っていた私の「壁」。けれど、ちょっとしたコツを覚えて練習したことで、今は「壁」ではなく、楽しみに変わりました。

そんな自分の経験も踏まえ、ちょっとしたヒントが、「お金が貯まらない」と悩んでいる人の「貯めるコツ」の発見につながり、豊かで楽しい人生が送れることを心から願いながら、本書を書きました。

本書は、毎日新聞出版の峯晴子さんをはじめ、多くの方々に励まされて世に出た一冊です。

平成から令和に変わる節目で、「人生100年時代」に向けて、本書で楽しくお金のことを学び、「貯まる家計」をつくっていただければ幸いです。

2019年5月

経済ジャーナリスト　荻原博子

荻原博子の貯まる家計 目次

第2章 年金をきちんと理解すれば、家計は驚くほど改善される！

第3章 医療費と保険は、知っていれば怖くない！

第4章 「投資」を疑う！

瀕死の銀行があなたの貯金を狙っている

第5章 賢く働き、豊かな家計に！

ブックデザイン・図表　鈴木成一デザイン室
編集協力　阿部えり
カバー写真　高橋勝視（毎日新聞出版）
DTP　センターメディア

第1章

貯まる家計の第一歩は「貯金」から

貯金の法則を知れば驚くほど貯まる！

①お金を貯めるには、順番がある！

お金を貯めるには、順番があります。これを守らないと、お金はうまく貯まりません。

ポイントは、「貯めていることを忘れる」こと。つまり、忘れていても、いつのまにかお金が増えているというのが、理想的な貯め方なのです。

世の中には、お金を貯めようと頑張っているのに、いっこうに貯まらず、ストレスばかりを溜めてしまうという人は多いです。

それでは、まさに本末転倒。そうならないためには、**「お金を貯める順番」を守ること**、それが大切です。

みなさんは、「お金を貯める」のは大変なことだと思っていませんか？
そう考える人に多いのは、気合が入るあまり、最初に大金を預け、あとが続かなくなったり、途中でやめてしまったりするというパターンです。これでは意味がありません。

大切なのは、最初に「貯める仕組み」を作ってしまうことです。忘れていても、気づいた時にはお金が増えていたという仕組みを作ってしまえば、**あとは寝ていてもお金は貯まっていきます。**

この「貯める仕組み」は、サラリーマン（会社員）と自営業者とでは違います。
そこで、次ページではサラリーマンのお金の貯め方から見てみましょう。

POINT

気張って最初から増やそうとすると、あとが続かない。「貯める仕組み」を作れば、知らないうちにお金は増える。

②サラリーマン（会社員）のお金の貯め方

サラリーマンが積立貯金をする時には、検討する順番があります。

もし、勤めている**会社に社内預金があるなら、まずはこれを目いっぱい利用する。社内預金の金利は、最低でも０・５％以上と決まっています**（労働基準法第18条第4項の規定に基づく省令）。これはなんと、銀行金利０・００１％の５００倍以上に相当します。

社内預金がなくても、財形貯蓄があるという人は、これを活用しましょう。**社内預金と財形貯蓄は、どちらも給料から自動的に引き落とされるので、気がついたらしっかり貯金ができています。**

財形貯蓄には、一般財形預金、財形住宅預金、財形年金預金の3つがあって、それぞれ利息から引かれる税金が少し違いますが、今は低金利なので、どれで積み立てても、それほど大きな差は出ないでしょう。

金利では、積み立てする金融機関を選ばない

勤務先に**社内預金も財形貯蓄もないという人は、給料が振り込まれる銀行で自動積立預金をしましょう。**給料が振り込まれた翌日に普通預金から積立預金分が引き落とされるようにあらかじめ設定しておけば、放っておいても積み立てされていきます。

積立預金をする時に、やってはいけないことがあります。それは**金利が高い金融機関に積み立てしようとする**こと。

積立は、**あくまで給与振込口座となっている銀行で行うこと。**そうしないと、給与振込口座から積立口座のある銀行にお金を移さなくてはなりません。

毎月、給料が振り込まれる銀行の口座からわざわざお金を引き出して、金利の良い銀行口座に移し替えるのは意外と面倒です。最初はマメに移し替えられても、途中で1回でも休んでしまうと、そこで頓挫《とんざ》してしまう可能性が大きい。自動振替にすることもできますが、それでは手数料が利息を上回ってしまい、移し替える意味がありません。

月々5万円以内の積立では、金利0・1%でも0・3%でも、ある程度まとまった金額まで貯めないと利息そのものがつきません。ですから、わざわざ面倒なことはせずに、自動引き落としが無料で使えて、忘れていても貯まっていく給与振込口座で貯金しましょう。

POINT

会社員が預金をするなら、社内預金、財形貯蓄、自動積立預金の順番で検討!

③自営業者のお金の貯め方

自営業者は、会社員のように毎月一定の給料が振り込まれるわけではありませんから、社内預金や給与天引きを利用し、貯めていくことはできません。

自営業の人は、まず仕事のお金が振り込まれる口座と生活費用の口座を分けましょう。そして、**仕事のお金が振り込まれる口座から、毎月使う生活費の額を決めて、その分を生活費用の口座に移す**ようにします。

なぜなら、収入が振り込まれる口座と生活費の口座が一緒になっていると、儲かればうっかり散財し、収入が減った時に困ってしまうということになりかねないからです。そうした生活の波を防ぐためにも、会社員と同じように、一定の金額内で生活していく習慣をつけましょう。

お金を口座から口座に移すのは、ネットバンキングを使えば、簡単にできます。

仕事用の口座にいくら振り込まれようと、生活費用の口座に移す金額は変わりませんので、差額分は自動的に貯まっていくことになります。

この金額が大きくなったら、一括して金利の高い定期預金などにしましょう。

儲かっているなら、iDeCoよりも「小規模企業共済」

儲かっている自営業者は、積立をすると節税になる金融商品を選ぶといいでしょう。

節税になるものには、「国民年金基金」や「小規模企業共済」、iDeCo（イデコ）などがありますが、この中で最もおすすめなのは、「小規模企業共済」です。

なぜなら、国民年金基金もiDeCoも、積立金を引き出す際の年齢に制限があるからです。

自営業者は収入に波があることが多く、たとえ今は儲かっていても、将来はどうなるかわからないという不安が常につきまといます。

不況の波をもろに浴び、資金繰りに困ることもあるかもしれません。仕入れに、まとまったお金が必要になることもあるでしょう。

そんな時に、「あぁ、iDeCoで積み立てたお金が引き出せたら」や「国民年金基金で積み立てたお金があったら」、などと考えることがあるかもしれません。でも、この2つは一定の年齢を迎えるまで引き出せないのですから諦めるしかありません。

けれど、**「小規模企業共済」なら、ピンチの時に自分が積み立てたお金を担保に、融資を受けることができます。**

「小規模企業共済」とは、小規模企業共済法に基づいた制度で、**自営業者の退職金づくりを目的**としています。自営業者と聞くと、会社社長や、大規模小売店を経営している人というイメージがあるかもしれませんが、**フリーランスで仕事をしている人**

図表1-1●共済金の内訳

掛け金月額が10,000円の場合
(掛け金月額を30,000円とする場合、商業の場合は、下記の金額を3倍にする)

掛け金 納付年数	掛け金 合計額	共済金A ●個人事業の廃止 ●個人事業主の死亡 ●会社等の解散 など	共済金B ●老齢給付※ ●会社等役員の疾病・負傷・65歳以上での退任 ●会社等役員の死亡 など
5年	600,000円	621,400円	614,600円
10年	1,200,000円	1,290,600円	1,260,800円
15年	1,800,000円	2,011,000円	1,940,400円
20年	2,400,000円	2,786,400円	2,658,800円
30年	3,600,000円	4,348,000円	4,211,800円

※65歳以上で180カ月以上掛け金を納付した方に限る
共済金等の額は、経済情勢等が大きく変化したときには、変更されることもある。
独立行政法人 中小企業基盤整備機構 小規模企業共済制度パンフレットをもとに作成

図表1-2●借入限度額と利率

（2019年1月時点）

貸付けの種類	貸付けを受けられる場合	貸付額の範囲	利率（年利）
一般貸付け	迅速に事業資金を借り入れたい場合	10万円以上2,000万円以内（5万円単位）	1.5%
傷病災害時貸付け	入院や災害等により被害を受けた場合	50万円以上1,000万円以内（5万円単位）※	0.9%
創業転業時・新規事業展開等貸付け	新規開業や転業を行う場合	50万円以上1,000万円以内（5万円単位）	
廃業準備貸付け	個人事業の廃止や会社の解散を行う場合		
緊急経営安定貸付け	経済環境の変化などで資金繰りが著しく困難な場合		
福祉対応貸付け	共済契約者または同居する親族の福祉向上のため		
事業承継貸付け	事業承継（事業用資産または株式等の取得）を行う場合		

※共済契約者（会社等の役員であるときは、その会社等）が前年度確定申告書に添付した決算書に基づき次の計算を行って得た額が1,000万円を超えるときは、この計算を行って得た額。

〈計算式〉（流動負債－当座資金）＋1/2（給与＋賃金＋その他経費）

独立行政法人 中小企業基盤整備機構のホームページをもとに作成

も対象となります。

掛け金は、月1000円から7万円まで、500円刻みで自由に選べます。また、積み立て途中でも、掛け金の増減ができます。

事業を廃業したり、契約者が途中で死亡したりした場合には、それまで積み立ててきたお金に多少の金額が加算され、退職金や死亡退職金代わりにもらえます。

また、急に資金が必要になった時には、掛け金の範囲内（積立金の7～9割）で、10万円から2000万円を低金利で借りることができます。困った時に必ず借りられるこうしたお金があると、自営業者の方は、仕事をするのに安心ですよね。

POINT

「小規模企業共済」なら、急な資金繰りにも対応でき、退職金も受け取れる。

④ 専業主婦やリタイアした人のお金の貯め方

専業主婦やリタイアした人は、稼ぎがそれほどないので、定期的に貯金をしていくのは難しい。

そんな時には、**余ったお金を「ちょとずつ貯金」していきましょう。**

「ちょっとずつ貯金」をするのに用意したいのが、大きめのガラス瓶。この中に、少し小銭ができたら入れていけばいいのです。「塵も積もれば山となる」で、かなりまとまったお金が貯まります。

例えば、外から帰ってきたら、財布の中にある小銭をこのガラス瓶の中に入れる。買い物で、予定よりも安く買えて差額が出たら、その分をこの瓶に入れる。掃除をしていて、コインが出てきたら、それをこの瓶に入れる。暑い日は、好きなボトルに水を入れて出かけ、缶ジュースを買ったつもりで、ジュース代を瓶に入れる……そうやって、生活に支障がない範囲の小銭を瓶に入れていきます。そうすれば、1日10円でも1年で365 0円。1日100円なら、3万6500円も貯まります。

この場合、お金を貯めるのはガラス瓶など、中が見えるものでなくてはいけません。なぜなら、そこに少しずつお金が増えていくのを見るのが、貯めることの励みになるからです。

そのお金は、本来ならば無意識に使ってしまったり見落としたりして、自分のところには来なかったお金ですから、まさにご褒美のようなものです。

POINT

「ちょっとずつ貯金」で、少しずつ増えるのを楽しみながら貯めましょう。

⑤「総合口座」を活用しよう！

銀行や郵便局などの金融機関には、「普通預金口座」に定期預金がセットできる、「総合口座」があります。

「総合口座」には、「貯める」「増やす」「受け取る」「支払う」「借りる」という機能がセットされています。日常生活に必要な、水道、ガス、電気といった公共料金の支払いや、給与や年金の受け取りは普通預金口座で行われ、貯蓄は定期預金（定期貯金）に積み立てられるようになっています。

また、定期自動送金や積立預金、クレジットカードの決済、デビットカードの決済、配当金の受け取り、国債等公共債利金の受け取り、償還金自動受け取りなども総合口座でできるようになっています。

さらに、銀行によって異なりますが、「定期預金」だけでなく、「積立預金口座」「国債口座」「金融債口座」「信託口座」「外貨預金口座」「投資信託口座」などさまざまな金融商品もセットできるようになっていて、貯蓄や投資にも使える口座になっています。

自動融資があれば、うっかりしていても大丈夫

公共料金の引き落としなど、日常的に使用する取引口座である「普通預金口座」には、常にある程度の残高を確保しておかないと支払いができません。

けれど、「総合口座」に「定期預金」などがセットされていると、これを担保に足りない分のお金を融資してもらうことができます。

例えば、「普通預金口座」の残高が5000円しかないのに、携帯電話料金の支払

いが1万円という場合には、足りない分の5000円は、セットされた「定期預金」から、自動融資という形で借り入れされます。

「定期預金口座」に10万円入っていたとしたら、そこから5000円を「普通預金口座」に自動的に貸し出します。この自動融資は、「定期預金口座」だけではなく、「積立預金口座」からも可能です。

銀行によって多少の差はありますが、**融資額は預入金の9割までというのが一般的で、「定期預金」で最高200万円までというところが多い**ようです。

貸越し金利は、「定期預金」が担保の場合、銀行預金金利に0・5%上乗せした金額になります。国債などは短期プライムレート（銀行が優良企業向けの短期貸出に適用する最優遇金利）を基準にその都度見直されますが、現状では3〜4%というところが多いようです。

2枚のキャッシュカードで、無料送金!?

「総合口座」を上手に使えば、送金手数料が無料になります。

通常、銀行に口座があると、キャッシュカードは2枚まで発行してもらうことができます。ですから、親が遠くに住んでいて仕送りをしなくてはならないような場合には、親の口座でキャッシュカードを2枚発行してもらって1枚を親に持たせ、もう1枚を自分が持ちます。

月々の仕送りを親名義の口座に入金しておけば、親はもう1枚のキャッシュカードでお金を引き出すことができます。

POINT

「総合口座」を上手に使えば、支払い不足を預金で補い、貯蓄や投資にも活用でき、しかも送金も無料!?

⑥ 高利回りを狙う、お金の貯め方

コツコツ積み立てることも大切ですが、保険などを使って、大胆に高利回りを狙うという積み立て法もあります。

多くの方は、生命保険の保険料などを、ひと月ずつ支払っているのではないでしょうか。

生命保険の保険料は、**1年分をまとめて支払うと**、会社にもよりますが、**月々支払うよりも2~5%程度安くなります**（会社、商品、加入時期などによっても異なりますので保険会社に問い合わせてください）。

ですから、月々支払うよりも、1年分をまとめて支払ったほうが断然おトクなのですが、それができないのは、まとまったお金がないから。

例えば、月々2万円の保険料を1年分まとめ払いにすると24万円近くになります。会社員の場合、ボーナスが入ればまとまったお金が作れますが、ボーナスはすでに用途が決まっていることが多く、そこからポンと24万円もの大金を出すことはできない。

そこで、やはり月々支払いをしていこうということになります。

でも、**ちょっとここで逆転の発想をしてみましょう。**すると、驚く結果になるのです。

貯めてから一括払いは、高利回り貯金になる

生命保険の割引率は2%から5%ですが、例えば、割引率が2%の生命保険があったとします。

割引率が2%ということは、月々2万円の保険料を支払っている人なら、1年分を

まとめ払いすれば割引が適用されて23万5200円で済むということです。つまり、4800円のおトクということ。

ですから、**最初に1回だけ、ボーナスで保険料を1年分まとめ払いします。**そして、次が大切なポイントですが、**今まで払っていた月々の保険料は、毎月しっかり積立預金をするのです。**

そうすると、1年後に24万円の積立預金ができます。次の年からは、この積み立てた24万円の中から、23万5200円のまとめ払いをするのです。そうすると、保険料を支払っても、口座には4800円が残ります。

今まで2万円ずつ支払っていた保険料ですが、同じ2万円を積み立てにして、そこからまとめ払いにすると、2年目には支払い後の口座に9600円残り、3年目には1万4400円残り……、こうして続けていけば、10年後には4万8000円が残っています。

これは、月々2万円ずつ支払って4800円の利息がついた貯金と考えると、その利回りは約4%にもなります。

こう言うと、24万円で4800円の利息がつけば、利率は2%ではないかと思う方もいるかもしれません。けれど、積立の場合、最初の2万円は1年間預けますが、次の月の1万円は11カ月、その次の年は10カ月と預入期間が徐々に短くなって、最後の2万円は1カ月しか預けません。

ですから、**最初から24万円をそのまま1年間預けた場合と比べると、約2倍の金利になるのです。**

まとめ払い口座は、お宝口座

まとめ払いをすると安くなるのは、生命保険だけではありません。

火災保険や地震保険といった損害保険も、まとめ払いをすると安くなります。また、ＮＨＫの受信料や国民年金保険の保険料、通勤定期なども、この積み立てでまとめ払いをする方法をとれば、高金利積立ができるはずです。

例えば、東京の国立駅から東京駅周辺にある会社にＪＲを使って通う場合、１カ月定期なら１万６４８０円ですが、３カ月定期なら４万６９７０円となり、１カ月定期よりも２４７０円安くなります。６カ月定期なら７万９１００円で１カ月定期よりも１万９７８０円安くなります。

ボーナスで１回だけ６カ月定期を買って、あとは１カ月定期を買ったつもりで貯金していけば、１年後には１万９７８０円×２＝３万９５６０円のお金が貯まっていて、ちょっとした家族旅行ができるかもしれません。

そのためには、**まとめ払い専用口座を作り、**１度だけはまとまったお金をボーナスから支払い、そのあとは、**毎月の支払い額を、その口座に積み立てていく**といいでしょう。

朝は必ずコーヒーショップに寄らないと目が覚めないという人は、この方式でコーヒーの回数券を買うといいかもしれません。

POINT

1回だけまとめ払いをし、あとはコツコツ積み立てれば、割引された分の差額がどんどん貯まっていく！

⑦ 1日1円積み増し貯金で、なんと年間約7万円貯まる⁉

「1円を笑うものは1円に泣く（一銭を笑うものは一銭に泣く）」といいますが、1円といえども、毎日貯金していくと、侮《あなど》れない額になります。

例えば、**1月1日に1円貯金し、1月2日に1円プラスして2円を貯金する。1月3日に、さらに1円プラスして3円貯金する**……これを続けていけば、**12月31日には365円を貯金する**ことになります（うるう年は366円）。

1日の貯金額は最高でも365円なので、これなら誰にでもできそうです。

そうやって、1日1円ずつプラスしていく貯金を1年間続けたら、トータルでいくらになると思いますか？

図表1-3
貯金シート

			1	2	3	4	5	6	7	8	9	10	11	12
			13	14	15	16	17	18	19	20	21	22	23	24
			25	26	27	28	29	30	31	32	33	34	35	36
37	38	39	40	41	42	43	44	45	46	47	48	49	50	51
52	53	54	55	56	57	58	59	60	61	62	63	64	65	66
67	68	69	70	71	72	73	74	75	76	77	78	79	80	81
82	83	84	85	86	87	88	89	90	91	92	93	94	95	96
97	98	99	100	101	102	103	104	105	106	107	108	109	110	111
112	113	114	115	116	117	118	119	120	121	122	123	124	125	126
127	128	129	130	131	132	133	134	135	136	137	138	139	140	141
142	143	144	145	146	147	148	149	150	151	152	153	154	155	156
157	158	159	160	161	162	163	164	165	166	167	168	169	170	171
172	173	174	175	176	177	178	179	180	181	182	183	184	185	186
187	188	189	190	191	192	193	194	195	196	197	198	199	200	201
202	203	204	205	206	207	208	209	210	211	212	213	214	215	216
217	218	219	220	221	222	223	224	225	226	227	228	229	230	231
232	233	234	235	236	237	238	239	240	241	242	243	244	245	246
247	248	249	250	251	252	253	254	255	256	257	258	259	260	261
262	263	264	265	266	267	268	269	270	271	272	273	274	275	276
277	278	279	280	281	282	283	284	285	286	287	288	289	290	291
292	293	294	295	296	297	298	299	300	301	302	303	304	305	306
307	308	309	310	311	312	313	314	315	316	317	318	319	320	321
322	323	324	325	326	327	328	329	330	331	332	333	334	335	336
337	338	339	340	341	342	343	344	345	346	347	348	349	350	351
352	353	354	355	356	357	358	359	360	361	362	363	364	365 GOAL!! ¥66,795	

１日も休まずに続ければ、なんと１年後には６万６７９５円（うるう年は６万７１６１円）になるのです。つまり１年で約７万円貯まるということです。

毎日１円ずつ貯金を増やしていくなんて、とても面倒でできないという人は、図表１－３の「貯金シート」をコピーしてお使いください。

財布に余分な小銭があれば、それをガラス瓶などに入れて、その額が書いてあるマスを塗りつぶします。

毎日１から３６５のどれかの数字に該当する小銭を入れていき、最後に全部のマスが塗りつぶされたら、ガラス瓶には６万６７９５円が貯まっているということです。

POINT

「貯金シート」を塗りつぶせば、ゲーム感覚で楽しみながら貯金ができる。

⑧ 〝応援貯金〟は、ワクワクしながら貯められる

スポーツ好きの方は、自分の応援するチームが優勝すると嬉しいものですが、その喜びが2倍になる定期預金があります。

例えば、**楽天銀行の「目指せ優勝！ ヴィッセル神戸応援定期預金」**（2019年5月終了）。**ヴィッセル神戸が優勝したら、**銀行金利が0・001％のこの時代に、**なんと金利が1％。大手銀行の1000倍の金利がつくのです。**しかも、2位、3位でも0・5％の金利がつきます。

ただし、この定期の預入期間は6月から12月の半年間のみです。

兵庫県の尼崎信用金庫の「がんばれ阪神タイガース定期預金『虎軍必勝』」は、阪神タイガースの順位にかかわらず、店頭金利＋0・02％とほかより低めですが、**預け入れ10万円ごとに抽選券1本が付く抽選特典**があります。抽選で**「ホームラン賞」**が当たれば、**全国百貨店共通商品券5万円**がもらえます。

広島県にある広島銀行は、「カープを応援しよう！　定期預金」（2018年4月終了）を、神奈川県の横浜信用金庫は、「横浜応援定期2019」（2019年5月終了）を出していました。

こうした特典付きの貯金なら、ワクワクとおトクが合体しているので、応援にもますます力が入りそうです。

POINT

大手銀行の1000倍の金利も夢じゃない⁉
応援貯金には、夢がある。

⑨シルバー定期預金は、有利だけれど注意も必要！

退職金を定期預金にしようというシルバー世代に向けては、銀行や信用金庫に限らず、ＪＡバンクも有利な金利で優遇しています。

例えば、神奈川県のＪＡ横浜の退職金限定定期貯金「マイライフ定期貯金」の場合、6カ月定期だと0・3％、１年定期だと0・2％が、通常金利に上乗せされます。

また、北海道札幌市に本店があるウリ信用組合の「悠ライフⅢ」は、満60歳以上の組合員限定定期預金で、10万円から1000万円まで1円単位で預けられて、最高で年利0・8％になります。ただし、１０００万円を5年間預け入れ、さらに年金受け取り口座がこの信用組合にあることが条件となっています。

年金をもらい始めたシルバー世代の退職金を高金利で優遇する金融機関は、ほかにもたくさんあります。ただ、シルバー世代が金融機関にお金を預けようとすると、「そのお金で投資信託を買いませんか」「外貨預金をしませんか」と、さまざまな投資商品を勧められることがあります。こうした誘いには気をつけなくてはなりません。

今や退職金などのまとまったお金を持っているシルバー世代は、金融機関にとって喉から手が出るほどの上客なのです。

ですから、とりあえずたくさんお金を預けてもらい、あわよくばそのお金を投資に回して手数料を稼ぎたいという金融機関が多いということを、覚えておきましょう。お付き合いは慎重に！

POINT

シルバー世代は金融機関にとって上客。でも、投資信託や外貨預金などの誘いには安易に乗らない！

⑩ 高利回りでも、使い勝手が悪い積立も

積立の利回り換算をしたら、右に出る者がいないのが百貨店の「友の会」の積立。**1万円から積み立てできるところが多く、12カ月積み立てれば、13カ月分の商品券がもらえます。**

「12万円支払って13万円の商品券をもらえるのなら、利回りは8％かな」と思う方もいるかもしれませんが、とんでもない。積立で預けていけば、さらにその約2倍の利回りになるのです。

1年積立の場合、最初の1万円は1年間預けますが、次の月に預ける1万円は11カ月しか預けません。その次の月の1万円は10カ月、その次の月の1万円は9カ月……。最後の1万円は1カ月しか預けないということになります。

12万円を一括で預けて、1年後に8%になるなら、積立で預けていくと、なんと積立利回りは約2倍の15%になるのです。

このように、**百貨店の「友の会」の積立は、利回りはべらぼうに高い**のですが、気をつけなければいけないのは、**商品券は積立をした百貨店でしか使えない**ということ。同じ百貨店でひんぱんに買い物をする人ならおトクかもしれませんが、それほど使わない人にとってはあまり魅力がないかも。

航空会社や旅行会社が行っている「旅行積立」も同じです。

例えば、**「ANA旅行積立ハワイ限定プラン」は、年利3・8%**ですが、当然ながら**ANAのツアーでしか使えません**。また、こうした積立は、発行したところが破綻すると、払い戻しなどはされず、損額は補償されません。

POINT

デパートをよく利用する人は、「友の会」の高利回り積立がある。

⑪ 定期預金で、人生を楽しむ

どうせお金を貯めるなら、楽しいほうがいいはず。趣味と実益を兼ねた素敵な定期預金もあります。

例えば、**宝塚歌劇団の公演チケットが当たる「すみれの花定期預金」**。大阪府大阪市の**池田泉州銀行**が提供している、預け入れ1年以上、１００万円から１０００万円の**定期預金で、１００万円以上預け入れると、宝塚歌劇団の公演に年間１０００組２０００名が招待**されます。3年以上継続して預け入れると、抽選権が2倍になります。

新潟県妙高市の新井信用金庫の「ふるさと定期〝いいね～っと！〟」では、１００万円以上８００万円未満で、コシヒカリや地酒、毘沙門《びしゃもん》みそセットなど、**妙高市の特産物がもらえます**。

高知県の高知銀行よさこいおきゃく支店では、定期預金300万円コースで卵かけご飯セットやゆず豚旨味豚ステーキなど**8品の中から**、定期預金500万円コースで四万十川《しまんと》のうなぎ蒲焼や天然マグロお楽しみセットなど**8品の中から、好きなものが年2回、送られてきます**(第9回募集分は終了。次回の募集は2019年秋の予定)。

山形県山形市に本店があるきらやか銀行の「**盲導犬育成支援預金 ワンニャふる家族**」は、毎月3月末と9月末の預金残高の0・02%相当が、**公益財団法人日本盲導犬協会に寄付**されます。また、**利用者には、ドッグラン施設1日利用券のプレゼント**などもあります。

POINT

宝塚歌劇団のチケットや地方の特産品など、意外なお楽しみ付き定期預金はいろいろある。

⑫「休眠預金」を整理しよう！

みなさんのご家庭には、昔作ったけれど、今は眠っているという銀行口座はありませんか？

学校給食の引き落としのために作った学校指定口座や、引っ越して使わなくなったのに解約しないままになっている口座など、使わなくなった銀行口座をいくつも持っているという方は意外と多いのではないかと思います。

2019年1月からは、10年以上、入出金をしていない口座の預金は、「休眠預金」として、銀行ではなく預金保険機構に預けられ、その一部が、社会的に有意義な活動

をしている団体の援助金にあてられることになりました。

今まで、銀行の預金は、本人が解約しない限り銀行にありましたが、これからはそうではなくなるということです。

「休眠預金」になっても、預金が没収されてしまうわけではありません。引き出したいと銀行に申し出れば、預けたお金は戻してもらえますし、口座の解約も可能です。

ただ、10年以上出し入れがなかった休眠預金は、銀行ではなく預金保険機構というところが一括で預かっているので、**銀行の窓口で預金を引き出すよりも少し手続きが面倒で引き出すのにも時間がかかります。**対応は、銀行の窓口でしてくれます。

休眠預金は、子どもの貧困対策にも使われる

金融庁によると、休眠預金は、毎年約700億円ずつ増えていて、2008年以降

の総額は6000億円を超えるといわれています（2018年現在）。

この資金の一部を、子育てや生活に困っている人などを支援するNPO法人などの活動費にあてる法律が2018年に施行されました。

この法律によって、休眠預金の一部が2019年の秋から、子どもの貧困対策や若者への支援活動、社会生活を営む上で困難なことがある人や活力が低下している地域への支援など、国や地方公共団体が対応することが難しい社会の諸課題を解決するために使われることになりました。

具体的には、休眠預金等活用法に基づく指定活用団体に選ばれたNPO法人などに配られ、「休眠預金等交付金に係る資金の活用に関する基本方針」に従って活用されます。

図表1-4●普通預金が休眠預金になる流れ

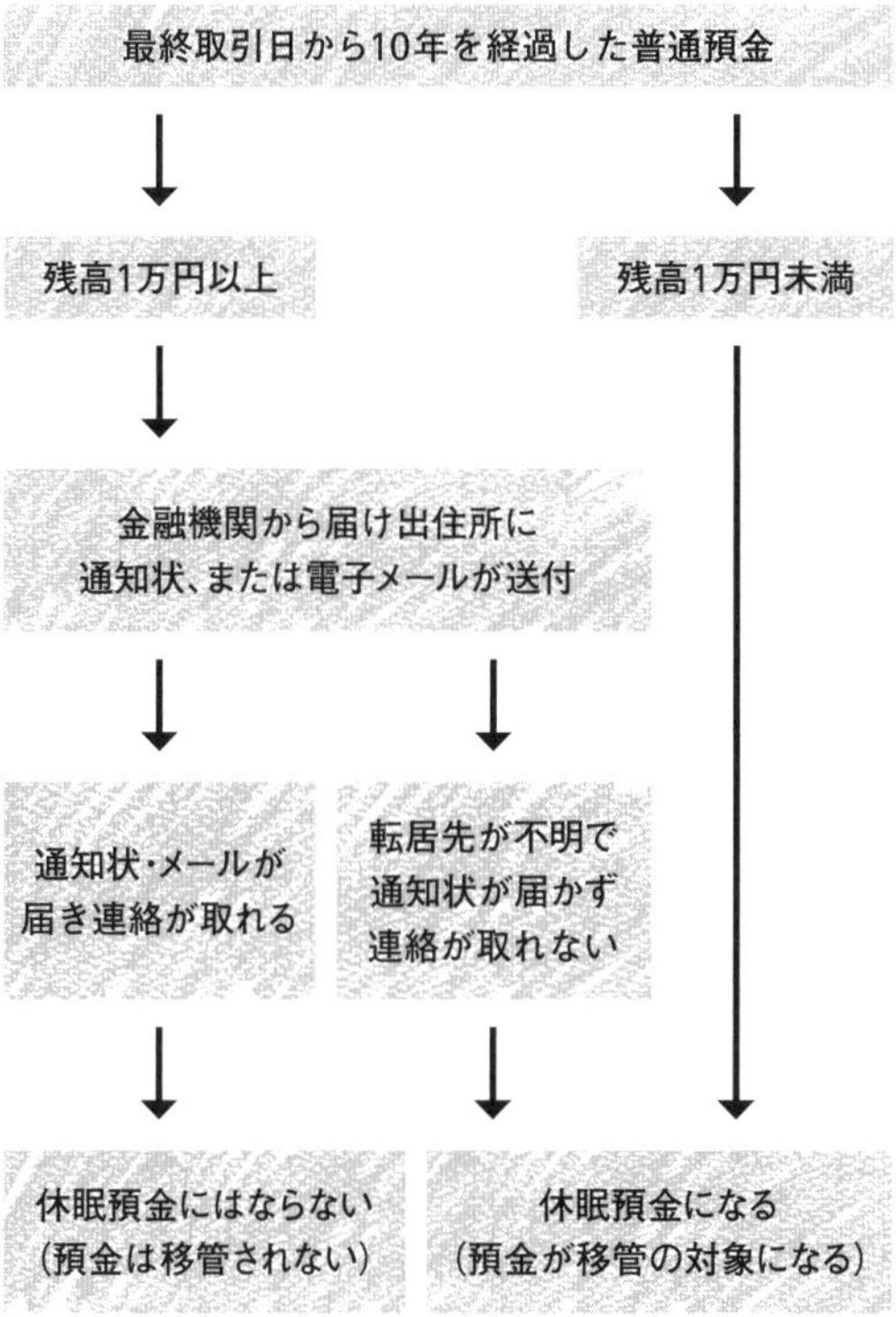

お金を引き出したいなら、とりあえず金融機関に連絡を！

実は、休眠預金は銀行にとっても長い間お荷物でした。

休眠預金の中には小額で、例えば10円以下などという口座もかなりの数存在し、銀行は長年こうしたものの管理にコストをかけてきました。けれど、これからは預金保険機構がこれらの口座の預金を預かることになるので、銀行の管理コストの負担も減らせるということになります。

休眠預金になる可能性のある口座のうち、1万円以上の残高があれば、基本的には通知が郵送されます。その通知が届いている人は、銀行に連絡してみましょう。

預金者と連絡が取れれば、たとえ休眠預金の対象であっても、国の管理にはなりません。通知したものの宛先不明などの理由で連絡が取れなかった場合に限り、国は休眠預金として活用しようということだからです。

ただし、残高1万円未満の休眠預金は、郵送通知なしで国が管理することになるようです。

確かに預金口座があったはずなのに、通帳やキャッシュカードを失くしてしまったのでわからなくなっているという人も、銀行に問い合わせてみてください。免許証やパスポートなど身分を証明できるものを持参すれば、手続きできる可能性は高いです。

ゆうちょ銀行の場合は、手続き方法が銀行とは少々違います。**民営化前の2007年9月30日以前の定額郵便貯金、定期郵便貯金、積立郵便貯金については、満期を過ぎて20年2カ月経っても払い戻し請求がなければ、権利が消滅し没収されます。**あとから気づいても満期金は受け取れませんから、早めに最寄りのゆうちょ銀行で確認してください。

ちなみに、銀行口座の管理にはそれなりのコストがかかるので、今、**大手の銀行などは、口座管理料を取ることを検討中。**そうなる前に、自分の銀行口座をしっかり把握し、必要のない口座は解約するなどの手続きも必要でしょう。

POINT

休眠口座をチェックしよう！
郵便局の口座だと貯金没収の可能性も!!

第2章

年金をきちんと理解すれば、家計は驚くほど改善される！

① 給与明細、見ていますか？給与明細から自己負担額を知る

みなさんは、給与明細をしっかりと見たことがありますか？

例えば、**月収35万円のサラリーマンの場合、月に約3万円を、厚生年金保険として徴収されている**はずです。

しかも、これは自分が負担している分の保険料。**社会保険料は会社と折半なので、会社も約3万円の保険料を支払っているのです。**つまり、**月に約6万円、年間で70万円を超えるお金を厚生年金のために支払っているのです。**

会社負担分というのは、実際には給料から引かれていないので自分の負担ではないという気がしますが、そのために福利厚生費が削られたり、人によっては給料も減ら

されたりしているので、自己負担として考えるべきでしょう。

合計で年間100万円を上回る負担額になる

支払っているのは、厚生年金保険料だけではありません。**健康保険料も給料の中から徴収されています。**

健康保険料は、地域や健康保険組合によって違いますが、**月収35万円のサラリーマンの場合、月1万8000円前後。40歳以上で、健康保険料に加えて介護保険料も支払っている人は2万円前後。**これも、会社と個人が半分ずつ負担する労使折半なので、会社負担分を加えたら、合わせて4万円前後の保険料を支払っていることになります。**年間にすれば約50万円**で、**厚生年金保険料と合わせたら、会社分も含めて120万円も支払っているの**ですから、驚きです！

ところが、これだけ大きな支払いをしながら、社会保険のサービスを使いこなしていない人が多いことに、さらに驚きます。

社会保険は、日常生活で私たちの身に起こるさまざまなことをカバーしてくれるセーフティーネットです。そして、日本は諸外国に比べて、現状ではこのセーフティーネットが、まだしっかり機能しているといわれています。いざという時には、いろいろなところで助けてもらえるということです。

この**社会保険についてしっかり知っておけば、家計の出費はグンと減らすことができる**のです。

そこでこの章では、公的年金と健康保険の仕組みを知って、民間の保険料を減らす方法をご紹介します。

POINT

多額の社会保険を支払うのに、メリットを知らない人が多すぎる！
上手に使いこなせば、家計の出費は抑えられる‼

②公的年金は子育てにも力を発揮

最近は減ってきましたが、多額の生命保険に入っている人がまだいるようです。

「亡くなったあとに、5000万円も保険金が必要ですか？」と聞くと、「大黒柱の私が死んだら、家族が路頭に迷ってしまうから」という答えが返ってきます。

でも、本当に大黒柱のお父さんが亡くなったあと、残された家族は5000万円もの大金がないと生きていけないのでしょうか？

ここで**残された家族の力になってくれるのが、（労使合算で）年間70万円も支払っている公的年金**です。

公的年金には、将来年金を受け取る以外にも、加入している人が死亡して家族が残された時のための遺族年金や、体に障害を負うなどして不自由な生活になった時のための障害年金という機能があります。

そこでまず、遺族年金から見てみましょう。

子ども2人で、月々約15万円支給

遺族年金は、年金に加入している人の子どもや配偶者が、当人の死亡後、なんとか路頭に迷わずに生きていけるように給付される年金です。サラリーマンの場合は遺族基礎年金と遺族厚生年金が支給され、自営業者には遺族基礎年金が支給されます。

例えば、夫がサラリーマンで妻が専業主婦、幼い子どもが2人の家族がいたとします。この場合、**大黒柱のお父さんが家族を残して他界したら、子どもが18歳になるまでは月々15万円前後（金額は、収入や子どもの数などで異なる）が支給**されます。

お父さんが大黒柱の家庭では、住宅ローンも父親名義で組まれているケースが多いと思います。住宅ローンを組んでいる本人が死亡すると、たいていの場合、ローン借り入れと同時に加入している団体信用生命保険で、残額が相殺され、ローンがなくなります。

また、**サラリーマンの場合には、退職金よりも少し多めの死亡退職金が出るケースがほとんどです。**

子どもが18歳になるまで、月々15万円の遺族年金をもらい、住宅ローンの支払いがなくなった家に住み、まとまった死亡退職金があれば、親子3人、食べていけないことはないでしょう。

万が一、夫に先立たれ働き手をなくすようなことになれば、残された妻の多くはパートで働くという選択をするでしょうし、イザとなったらローンがなくなっている家を売ればいいのです。

専業主婦が他界しても、遺族年金は出る

自営業者が加入しているのが遺族基礎年金です。**自営業者の場合には、加入しているのが国民年金なので、月々に支払う保険料は1万6000円前後とサラリーマンよりも少ないケースが多い**ですが、その分、保障も少なくて、前述の家族構成だと、子どもが18歳になるまで支給される遺族年金は、月10万円ほどです。

実は、この**遺族年金は、妻が他界した場合でも支給されます。**

以前は妻は遺族年金支給の対象外でしたが、2014年4月からは、妻が亡くなって夫や子どもたち（18歳未満）が残された時にも、遺族年金が出るようになりました。それまでは、残された夫1人の肩に養育義務がのしかかってくるのに、収入が少ないとベビーシッターも雇えないということがありましたが、現在、この点は改善されています。

ですから、前述の家庭で、**専業主婦の妻が夫と2人の子どもを残して他界すると、やはり子どもが18歳になるまで、月10万円前後の遺族年金が支給されることになっています。**

ただ、遺族年金は、残された家族が路頭に迷わず、親がしっかりと子どもたちを育てあげられるように支給される年金なので、残されたほうの年収が850万円以上だと、それでなんとか食べていけるだろうと判断され、支給されません。

別居していても、仕送りをしていたり、健康保険の扶養親族であったりするなど生計が1つと見なされれば、遺族年金は支給されます。

障害年金は、精神的な病気もカバーする

障害年金は、けがをしたり、病気になったりして日常生活や仕事に支障が出るような時に支給される年金です。支給される金額は、障害の度合いによっても異なります。

障害年金は、肉体的な障害だけでなく、うつ病などの精神的な障害もカバーしてくれます。

精神的な障害は、治療が長引くケースが多く見られます。病気やけがで入院すると、民間の医療保険から保険金が支給されますが、保障期間はある程度決まっています。ですから、長期の入院を必要とする精神的な病気だと、民間の保険で補うのは難しいかもしれません。

なので、公的な保険は大切です。

最長1年半までなら会社から傷病手当金が出ますが、それ以上長引いたら、会社からはお金が出ないので、障害年金で対応していくということになります。

POINT

「遺族年金」「障害年金」をしっかり知ろう。公的年金を上手に使えば、多額の生命保険は必要なし。

③ 生命保険は、子どもの教育費分あればいい

小さな子どもを残して他界しても、残された家族に公的年金である遺族年金が出るとしたら、わざわざ民間の保険に加入する必要はない気がします。

ただ、**子どもに充分な教育を受けさせようとすれば、遺族年金だけでは足りないかもしれません。**

日本政策金融公庫の調べ（2019年3月公表）では、**高校入学から大学卒業までに必要な入在学費用は、子ども1人あたり953万4000円。つまり、高校と大学だけで、約1000万円かかる**ということです。

さらに、地方の高校から東京の大学に入学した学生に対する仕送り額が、年間1人

平均91万円。４年間で約３６４万円。ですから、**２人の子どもを地方から東京の４年制大学に行かせると、２０００万円から３０００万円はかかる**かもしれないということ。

子どもが一生懸命に勉強し、高校、大学に合格するのは嬉しいけれど、同時に教育費の負担が親の肩にズシンとのしかかってくるということです。

経済協力開発機構（ＯＥＣＤ）の調べでは、２０１８年の**加盟各国の国内総生産（ＧＤＰ）に占める教育資金の支出の公的支援状況**は、比較可能な**34カ国中、日本は最低。**日本は教育に最もお金を出さない国という不名誉なレッテルを貼られました。

国がお金を出さないのですから、その分をそれぞれの家庭が負担しなくてはいけないということになって、家計の教育費負担額はどんどん増えています。

ただ、子ども１人につき１０００万円などという大金は、大黒柱を失ったご家庭では、なかなか用意できないでしょう。

ですから、これは**民間の生命保険で用意しておきましょう。子どもの学業を中断さ**

せないために、生命保険で子ども1人につき1000万円を確保しておくといいでしょう。

教育資金の備えは、子どもが社会人になると必要なくなります。ですから、今まで加入していた生命保険の死亡保障は、その分、削ることができます。

子どもが社会人になったら、前述したように残された妻は年金とパートなどでなんとか食べていけるのではないでしょうか。それよりも、長生きのリスクのほうが大きくなりますので、今まで払っていた保険料を貯蓄に回したほうが得策です。

POINT

「遺族年金」でまかなえない教育費は生命保険で。ただ、子どもが社会人になったら必要ない。

④障害年金があれば、民間の保険はお守り程度でいい！

年金には、障害を負った時に支給される障害年金もあるということは、すでにお話ししましたが、これがあればかなり助かります。

障害年金は、障害の度合いによっても違いますが、目安は月6万円から8万円。子どもが1人いると、子どもの分と合わせて月8万円から10万円。子どもが2人の場合は月10万円から12万円。子どもの数によって、給付額も増えます。

さらに、サラリーマンの場合には、ここに、給料に比例した年金や配偶者加給年金なども上乗せされます。

そもそも、サラリーマンなら、病気やけがで会社に行けなくなると、最長1年半、傷病手当金として給料の3分の2が支給されます。給料が30万円だったら、会社を最長1年半休んでも、月々20万円の給料がもらえるということです。

さらに、詳しくは107ページで後述しますが、**「高額療養費制度」があるので、それほど多額の保険は必要なくなります。**

ですから、あくまでもお守り程度の気持ちで保険に入っておけばいいでしょう。

ただし、**1994年以前の終身保険に入った人は、解約すべきではありません。**なぜなら、これは運用利回りが3・75%以上と、今の預金ではあり得ない高い利回りで運用されているからです。非常に有利なので残しておいていいと思います。

POINT

病気やけがで働けなくなっても、「障害年金」が一定額まではサポートしてくれる。

⑤ 年金は、いくらもらえるの?

年金は、老後の蓄えになる以外にも、幼い子どもを残して一家の大黒柱や、家庭の主婦が他界した時の生活の助けになり、障害を負った時にも生活を支えてくれるものになるということは、ご理解いただけたでしょうか。

ただ、やはり**年金のいちばん大きな機能は、老後の生活を支えるということ**です。

そこで気になるのは、老後にどれくらいの年金がもらえるのかということでしょう。

公的年金は、5年ごとに財政の見直しがあり、現在の状況が公表されています(財政検証)。2019年は、この見直しの年で、最も新しいデータは年内に出されますが、**直近の2014年に見直されたものを見ると、サラリーマンの夫が40年間会社に**

図表2-1●平均的な世帯の手取り収入と年金受給額

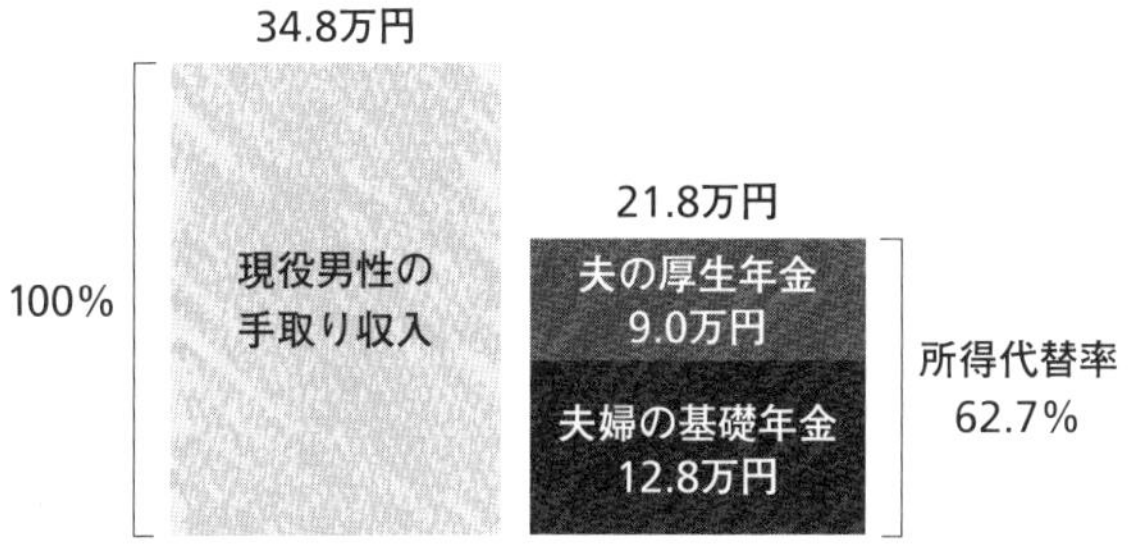

注1：現役男性の手取り収入は、賞与を含めた年収の12分の1（被用者年金一元化を反映した水準で設定）。注2：現役男性の平均的な標準報酬額は42.8万円〈2013年度の実績見込み（賞与を含む、月額換算）〉。
厚生労働省「国民年金及び厚生年金に係る財政の現況及び見通し—平成26年財政検証結果—」（2014年6月3日）をもとに作成

勤めて厚生年金に加入し、その間の平均給料が34万8000円で、妻が40年専業主婦だったケースを想定した場合、支給額は21万8000円。

つまり、平均で月額22万円くらいもらっているという試算になります。

ただ、今の時代、男性が20歳の時に厚生年金に加入して40年間会社に勤め、一方、女性は20歳の時に結婚して以来40年間専業主婦をしているという家庭はなかなかない。

また、現役時代の手取り収入の平均が34万8000円以上という人もいるので、もらえる額にはかなり幅がありますが、

20万円から23万円の間くらいだと考えればいいでしょう。

自営業者の年金は6万〜7万円

サラリーマンの年金は、平均的には20万円から23万円だということがわかりました。では、自営業者のみなさんは、どれくらいの年金をもらっているのでしょうか。

国民年金に加入している自営業者が受け取れる老齢基礎年金は、20歳から60歳まで40年間きっちりと保険料を支払うと、支給額は年間77万9300円（2018年）。月にすると約6万5000円です。

会社勤めをしていたけれど脱サラで自営業者になったとか、付加年金（82ページ参照）の上乗せがあるという人などもいて、ひとくちに自営業者といっても人によってかなりもらえる額は変わってきます。

図表2-2●国民年金受給権者の受給金額（月額）

年金月額	合計	男子		女子	
合計人数	32,247,487	14,071,833		18,175,654	
万円以上 万円未満	人	人	%	人	%
~1	86,643	13,162	0.1	73,481	0.4
1~2	322,260	63,090	0.4	259,170	1.4
2~3	1,020,851	226,361	1.6	794,490	4.4
3~4	3,192,049	738,754	5.2	2,453,295	13.5
4~5	4,667,422	1,324,648	9.4	3,342,774	18.4
5~6	7,283,079	2,963,239	21.1	4,319,840	23.8
6~7	13,926,213	8,383,263	59.6	5,542,950	30.5
7~	1,748,970	359,316	2.6	1,389,654	7.6
平均月額年金（円）	55,518	58,754		53,013	

注1：旧法老齢年金の受給権者と新法老齢基礎年金の受給権者（受給資格期間を原則として25年以上有する者）の合計であり、老齢基礎年金受給権者には、被用者年金が上乗せされている者を含む。
厚生労働省「国民年金 男女別年金月額階級別老齢年金受給権者数（2017年度末現在）」をもとに作成

平均年金額のデータを見ると、6万～7万円をもらっているという人が男女ともに最も多く全体の3割を超えています。次に多いのが5万～6万円。中には、1万円未満という人もいます。

年金額は、加入して年金保険料を払ってきた月数によって決まります。自分がどれだけ年金をもらえるのかは、ネットの年金シミュレーションなどを使うとおおよその金額がわかります。

50歳を過ぎた方は、**日本年金機構から送られてくる「ねんきん定期便」**を参考にしてください。現在加入している年金制度に60歳まで同じ条件で加入したらいくら年金がもらえるのか、見込額が試算されています。

POINT

年金は、サラリーマンなら20万～23万円、自営業者は6万～7万円。「ねんきん定期便」で自分がいくらもらえるのかをシミュレート。

⑥ 将来もらえる年金額は減っていく⁉

「ねんきん定期便」などを参考に、自分がもらえるおおよその年金額はわかったけれど、それでもやっぱり将来が不安だという人は多いようです。

まだ年金をもらっていない人はもちろんですが、すでにもらっている人も、将来的に額が減ってしまうのではないかと心配なことでしょう。

実は、年金の支給額は、２０１９年４月に、４年ぶりに０・１％上がりました。これは、賃金が上昇したことを反映したものです。

ただ、喜んでばかりはいられません。なぜなら、**年金支給額は0・1％上がりまし**

たが、物価が1％上がっているので、それを差し引くと実質的に見れば0・9％の目減りということになるからです。

もらえる年金は、いくらになるのか？

将来、もらえる年金がどれくらいになるのかは、この先の経済状況も定かではないので一概にはいえませんが、**厚生労働省は、8つの年金受給パターンを出しています。その中で最も標準的と思われるのが、24年後の2043年にはサラリーマンの年金支給額が月24万4000円になっているという試算。**

75ページでお話ししたように現在は約22万円なのだから、月24万4000円に増えているというのは嬉しい気がしますが、手放しで喜ぶことはできません。

なぜなら、この計算のベースには、働く世代の給料があって、それが24年後には、今の1・39倍に増えていることが前提だからです。

この給料の上昇分を、今の年金価格に置き換えるとすれば、年金が月24万4000円になっていたとしても、24年後の月24万4000円の価値は、現在の月18万円くらいに相当するということになります。

そう考えると、**実質的な年金の支給額は現在と比べて2割前後減っているということになります。**

ただ、24年後に年金をもらい始めるのは、現在の30代から40代。この世代は、女性もかなりの割合で働き続けていると思われますし、パートでも厚生年金に加入する人がたくさん出てきていることでしょう。だとすれば、その時点での収入と合わせれば、なんとか食べていけるぐらいの金額にはなるのではないでしょうか。

POINT

24年後には年金額が月24万4000円に増える? カラクリに騙されず、長く働き、年金以外の収入を確保!

⑦自営業者は付加年金で年金額を増やせる

サラリーマンに比べて、自営業者の年金は少ないです。

国民年金は、満額支給されても77万9300円（2018年）ですから、月にすれば約6万5000円。

なんだかとても不安になりますが、この**年金額を少し増やす方法があります**。それは、現在支払っている**国民年金に付加年金をプラスする**という方法です。

付加年金は、国民年金の保険料に月額400円を上乗せして支払う年金ですが、これを支払っておくと、将来もらう老齢基礎年金に200円がプラスされます。

例えば、10年間、月400円の付加年金を支払ったとします。すると400円×12

図表2-3●付加年金のしくみ

付加保険料
月400円
→
付加年金額（年額）
200円×納付月数

1年間、付加年金に加入すると――

付加保険料（今までの納付額）
400円×12カ月＝
4,800円
→
付加年金額（年額）
200円×12カ月＝
2,400円

10年間、付加年金に加入すると――

納付額合計
400円×12カ月×10年＝
48,000円
→
付加年金額（年額）
200円×12カ月×10年＝
24,000円

〈ポイント〉
付加年金は、2年間受給すれば納めた保険料の元が取れる。しかも、納付した分、受給額もアップする有利な年金。付加年金は、保険料を納めるのも年金として受け取るのも、国民年金とセット。

カ月×10年で、累計で4万8000円を支払います。そうすると、老後にもらう年金が200円×12カ月×10年で、2万4000円増えます。

これだけ聞くと、4万8000円を支払って2万4000円しかもらえないなんて損だと思うかもしれませんが、年金は死ぬまで毎年支給されます。

つまり、2年経つと4万8000円もらうことになるので、払った保険料分が回収され、10年経つと24万円になるので、19万2000円おトクになり、20年経つと43万2000円おトク。

30年経つと、なんと67万2000円おトクということになります。

付加年金の意外なデメリット

何だか、とても得した気分になる**付加年金**ですが、実は**デメリット**もあります。

それは、**物価の上昇に弱い**ということです。

公的年金は、物価の上昇が反映され、その都度支給額も上がりますが、付加年金の場合は、10年後でも20年後でも支給額は変わりません。

極端な話、20年後にラーメン1杯が1万円になっていたら、年2万4000円もらっても、ラーメン2杯半ぶんにしかならないということ。

将来、物価がどうなっているのかなど、誰にも予想できません。けれど、400円くらいなら、毎月苦労せずに払える金額ではないでしょうか。

少しでも年金が増えるなら、払っておいて損はないと思います。

POINT

月々わずか400円。年金がぐんと増える付加年金は、2年でしっかり元が取れる。

⑧ 年金は60歳からでももらえます

年金は、基本的には65歳から支給されますが、**希望すれば、60歳から70歳の間で好きな時に、もらい始めることができます。**

65歳より早くもらい始めることを「繰り下げ受給」といいます。ここでは、65歳よりも早くもらい始めることを**「繰り上げ受給」**といい、**65歳よりあとにもらい始めることを「繰り下げ受給」**といいます。

「繰り上げ受給」について説明しましょう。

「繰り上げ受給」では、65歳より1カ月早まるごとに年金額が0・5％減額されます。ですから、60歳からもらい始めると、0・5％×12カ月×5年＝30％となり、65歳からもらい始めるよりも30％支給額が減ります。

例えば、65歳で月10万円の年金をもらえる人が、60歳から年金をもらい始めると30%減額されますから、年金は月7万円ということになります。

では、これはソンなのでしょうか、おトクなのでしょうか。

年金は、死ぬまで支給されるので、どこまで生きて年金をもらうかということでソンか、トクかが分かれます。

この場合、76歳までに亡くなると、60歳からもらい始めたほうがよかったことになり、77歳以上生きれば、65歳からもらっておいたほうがよかったということになります。

「繰り上げ受給」でもらえなくなる年金がある

「繰り上げ受給」には注意点もあります。

まず、「繰り上げ受給」を選択すると、障害基礎年金や寡婦年金、遺族年金が受け取れなくなります。

障害基礎年金は、障害を負った時にもらう年金ですが、病気やけがなどに限らず、うつ病といった精神疾患なども支給対象になります。

寡婦年金とは、子どものいない女性が受け取れる年金です。夫が65歳からもらうはずの年金を受け取らないうちに死亡した場合、それまで支払ってきた保険料が一銭も戻ってこないということになります。ですから、それを防ぐために、妻が自分の年金を受け取れる年齢になるまで支給される年金です。

国民年金加入者の遺族基礎年金については、64ページでも紹介しましたが、18歳までの子ども（18歳になった年度の3月31日）がいる場合に配偶者または子どもに支給される年金です。

遺族年金は、「繰り上げ受給」でもらう年金よりも金額が高い場合が多いので、「繰り上げ受給」しないほうがいいということになる可能性があります。

POINT

60歳からもらえる「繰り上げ受給」。でも減額されるので、77歳以上生きればソン！

⑨ 70歳からもらい始めると42％増し

年金受給開始時期は65歳が基本ですが、「繰り下げ受給」を選択すれば、もらう時期を70歳まで遅らせることができます。

65歳よりあとにもらい始める「繰り下げ受給」では、1カ月遅くなるごとに年金額が0・7％ずつ増えます。 例えば、70歳からもらい始めると、0・7％×12カ月×5年で42％支給額が増えます。65歳で月10万円もらう人なら、70歳まで支給を遅らせると、70歳から月14万2000円の年金が支給されます。

この場合の損益分岐点は、82歳。81歳までに亡くなると、65歳からもらい始めたほ

図表2-4●60歳受給開始・65歳受給開始・70歳受給開始時の年金受給累計額の比較

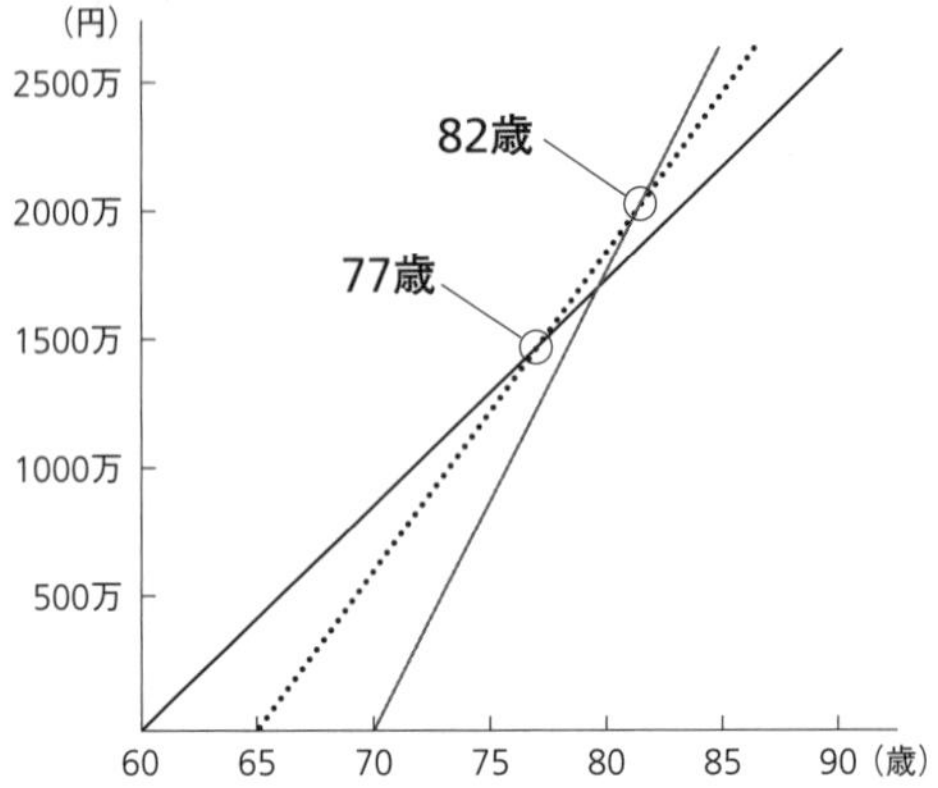

うがよかったことになり、82歳以上生きれば、70歳からもらったほうがよかったことになります。

もちろん人の寿命は誰にもわかりません。

また、「平均寿命」だけでなく、「健康寿命」というデータもあります。これは、身体に支障がなく、健康に動ける平均的な年齢で、この「健康寿命」は、男性72・14歳、女性74・79歳（厚生労働省・2016年）。

ですから、額は少なくても遊べるうちに年金が欲しいという人は支給年齢を早めるという選択もありかもしれません。

けれど、これからは人生100年時代。**あまり早くからもらってしまうと、少額しか支給されないので長生きしたらお金が足りなくなってしまうと心配なら、働き続けられるうちは働いて、年金はそれ以降という選択もいいでしょう。**

ただし、サラリーマンが「繰り下げ受給」する時には、注意点もあります。これについては、次の項でご紹介します。

POINT

「繰り下げ受給」で、70歳からの増額も可能。
ただし、81歳までに亡くなると、ソンしてしまうかも!

⑩ 年下妻なら、「加給年金」にご用心！

人生100年時代を迎え、70歳まで年金をもらうのを我慢して「繰り下げ受給」にし、受給額を増やそうと思う人も多いことでしょう。

確かに、10万円の年金が14万2000円に増えるのは魅力的です。

ただ、サラリーマンの場合、「繰り下げ受給」を選ぶと、「もらえなくなる年金」が出てくる可能性があります。

その、**「もらえなくなる年金」が加給年金。**

加給年金とは、厚生年金に加入していた人が65歳で年金生活に入った時に、まだ養わなければならない年金受給資格のない年下の配偶者や子どもがいる場合に支給される、**家族手当のようなものです。老齢厚生年金の受給資格があり、一定の要件を満たせば上乗せされる年金**のことです。

「繰り下げ受給」は112万円の損⁉

例えば、94ページの図表2－5のように、夫と妻の年齢が5歳離れているケースでは、まず夫が65歳で年金をもらう資格ができます。

けれどこの時、妻は60歳なので、まだ支給年齢には到達していません。ですから、夫の年金だけで夫婦2人が生活していかなくてはならないことになりますが、それでは生活が苦しいだろうということで、妻が65歳になって自分の年金をもらえるようになるまで、加給年金がつくのです。

図表2-5●「繰り下げ受給」してしまうと、
「加給年金」がもらえない!?

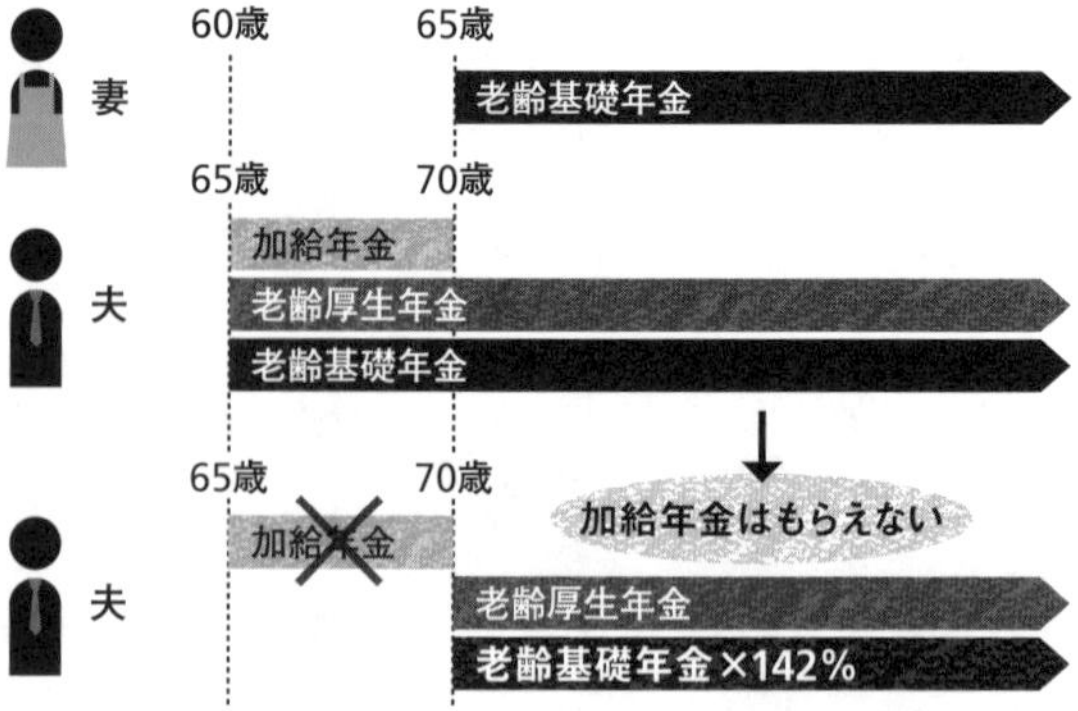

著者の話をもとに作成

ところが、夫が「繰り下げ受給」をしてすべての年金を70歳からもらうようにしてしまうと、この加給年金は受け取れません。加給年金の額は、配偶者が年22万4500円。

1人目、2人目の子どもが、それぞれ22万4500円、3人目以降が各7万4800円です。

図表2－5のようなケースでは、夫が70歳まで「繰り下げ受給」をしてしまうと、5年分の加給年金がもらえないことになりますから22万4500円×5年＝112万2500円は受け取れないということです。

ところが、実はこの加給年金をしっかりもらいながら、「繰り下げ受給」を使って、少し年金を増やす方法があります。
それは、次の項でご紹介しましょう。

POINT

サラリーマンが「繰り下げ受給」すると、家族手当のような「加給年金」がもらえなくなるかも！

⑪ 年金を分ければ、「繰り下げ受給」しても加給年金がもらえる

「繰り下げ受給」で少し年金を増やし、なおかつ加給年金も受け取りたいという場合、知っておきたいのが、**厚生年金は分けられる**ということ。

サラリーマンが加入している厚生年金は、受給資格があれば誰もがもらえる「老齢基礎年金」と、勤めた年数や給料によってもらえる「老齢厚生年金」の2階建てになっています。

そして、老齢基礎年金と老齢厚生年金は分けることができます。その上で、「繰り上げ受給」したり、「繰り下げ受給」したりすることができるようになっています。

図表2-6●厚生年金は分けて繰り下げ、「加給年金」も！

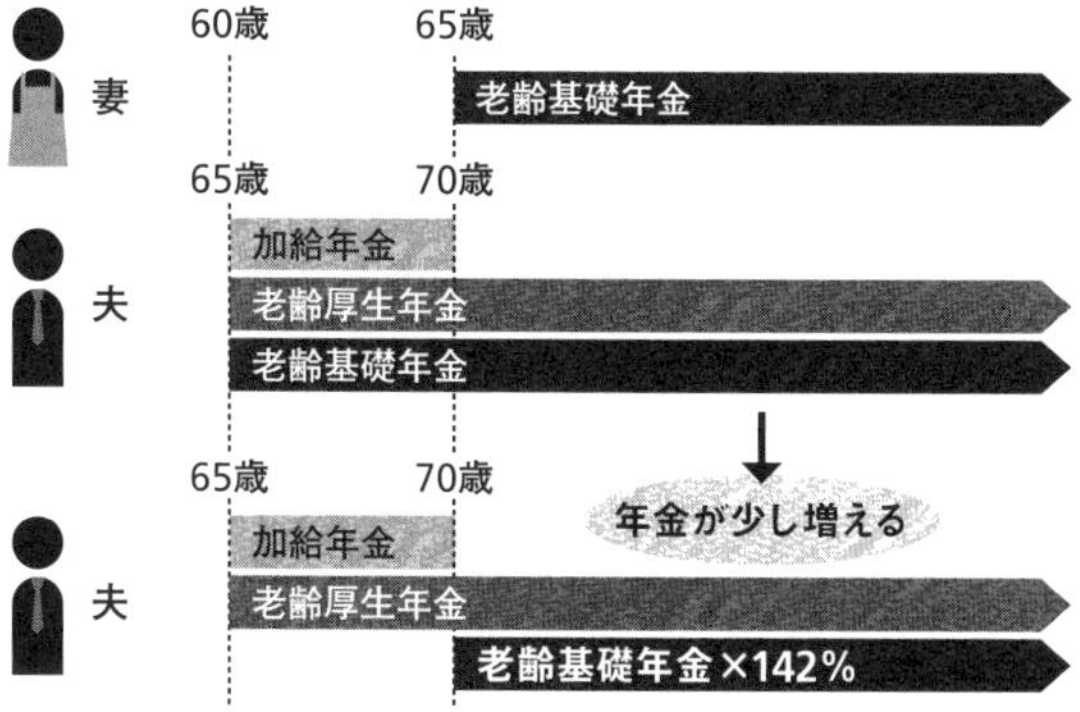

著者の話をもとに作成

ただ、加給年金は、老齢厚生年金とセットになっている年金なので、94ページの図表2－5のように、夫と妻の年齢差が5歳の場合には注意が必要です。

妻が65歳で年金をもらい始める時に、夫がすべての年金を70歳からもらい始める「繰り下げ受給」を選んでしまうと、加給年金がもらえなくなってしまいます。

これを防ぐには、「老齢基礎年金」と「老齢厚生年金」を分け、「老齢厚生年金」は65歳からもらい始めるけれど、「老齢基礎年金」は70歳から「繰り下げ受給」するといいでしょう。

例えば、97ページの図表2－6で、夫が65歳で「老齢基礎年金」を月5万円、「老齢厚生年金」を月10万円の、計15万円もらえるとします。

この場合、加給年金とセットになっている老齢厚生年金は65歳からもらい始め、老齢基礎年金だけを繰り下げ受給で70歳から受け取るようにすれば、65歳から69歳までの間は10万円の老齢厚生年金に約2万円の加給年金がプラスされます。

その結果、65歳から70歳までの年金額は、月約12万円になります。

70歳からは5万円の老齢基礎年金を繰り下げ受給で1・42倍に増やしてからもらうと、老齢基礎年金の額は月7万1000円になっています。つまり、70歳からは、月17万1000円の年金が支給されることになります。

さらに、夫が70歳になると、妻も65歳になり、自分の年金をもらい始めます。仮に、妻の年金額が月6万円だったとしても、2人合わせれば月23万1000円の年金をもらえることになります。

ちなみに、年齢によっては、妻が65歳になってからは加給年金が「振替加算」というものに変わって、もらえる年金額がさらに増えるケースもあります。

POINT

「老齢基礎年金」と「老齢厚生年金」を分けてもらえば、「繰り下げ受給」を選んでも加給年金がきちんともらえる。

⑫ 保険料は支払えなくても、年金はもらえる!?

国民年金の保険料は、月1万6410円（2019年）。

アルバイトやパートで月10万円前後しか稼げない人にとって、月1万6410円の**年金保険料は、四捨五入すれば給料の約2割**に相当します。これでは支払えないという人がほとんどでしょう。

けれど、年金に加入していないと、将来、年金をもらえないだけでなく、家族に遺族年金が出なかったり、自分が障害を負った時に障害年金が出なかったりするなど、さまざまなマイナスがあります。

年金は10年以上加入が必要。つまり10年以上支払い続けていないと、もらうことが

できないのです。では、収入が少なく、支払えない人はどうすればいいのでしょうか？

実は、**年金保険料を支払えない人には、保険料が免除される制度があります。**

しかも、保険料免除の届け出を出しておくと、自分は一銭も年金保険料を支払わなくても、老後に老齢年金がもらえるだけでなく、家族を残して亡くなった場合には遺族年金が、自分が障害を負った時には障害年金が支給されます。

年金保険料を支払わなくても、将来年金がもらえるのは、現在支給されている年金の半分は税金で賄われているからです。

その税金分については、年金保険料を支払えない人にも支給されます。

収入に合わせた免除制度がある

１０２ページの図表２－７のように、年金保険料支払いの免除は、全額免除、４分

図表2-7●免除となる収入(所得)の目安

(単位:万円)

世帯構成	全額免除	一部免除(納付) 3/4免除 (1/4納付)	半額免除 (半額納付)	1/4免除 (3/4納付)
4人世帯 (夫婦と子ども2人)	257 (162)	354 (230)	420 (282)	486 (335)
2人世帯 (夫婦のみ)	157 (92)	229 (142)	304 (195)	376 (247)
単身世帯	122 (57)	158 (93)	227 (141)	296 (189)

注:申請者、配偶者、世帯主の前年所得(「所得」=「収入」-「必要経費」)が、次の式で算出した金額以下であることが必要。
※所得によって審査をするため、未申告の人は対象者の所得の申告が必要。
・全額免除=57万円+扶養親族の人数×35万円
・4分の3免除(4分の1納付)=78万円+扶養親族等の控除額+社会保険料控除額等
・半額免除(半額納付)=118万円+扶養親族等の控除額+社会保険料控除額等
・4分の1免除(4分の3納付)=158万円+扶養親族等の控除額+社会保険料控除額等
日本年金機構パンフレット「免除・納付猶予制度の申請を!」を参考に作成

の3免除、半額免除、4分の1免除と4段階に分かれていて、独身者なら全額免除の対象になる年収は122万円以下。

独身で月収が10万円くらいの人だと全額免除の対象となるので、前述したように、自分は一銭も保険料を支払っていなくても、老後を迎えたら年金をもらえるし、「遺族年金」「障害年金」の給付対象にもなるということです。

さらに免除対象になるのは、独身世帯だけでなく、2人世帯、4人世帯など子ども含まれ、家族構成によって対象となる収入は変わってきます。

収入が低いため年金保険料が支払えない、免除制度を使いたいという人は、「ねんきんダイヤル」で聞いてみましょう。

■ねんきんダイヤル（一般的な年金相談に関するお問い合わせ）
0570-05-1165（ナビダイヤル）
03-6700-1165（050で始まる電話でかける場合／一般電話）
受付時間　月曜日　午前8時30分～午後7時／火～金曜日　午前8時30分～午後5時15分／第2土曜日　午前9時30分～午後4時
※祝日（第2土曜日を除く）、12月29日～1月3日は休み

POINT

保険料を支払えなくても、将来年金はもらえます！届け出れば、未納のままにはなりません‼

第3章 医療費と保険は、知っていれば怖くない!

①医療費の自己負担は、実はそんなに多くない

日本では、健康保険証があれば、病院でかかった医療費の自己負担額は少なくて済みます。

自己負担の割合は、現役世代で3割、6歳前（義務教育就学前）なら2割、70歳から74歳までは2割、75歳以上は1割（現役世代並みの所得がある場合は70歳以上でも負担は3割）となっています。

ですから、入院して100万円かかったとしても、計算上は本人負担は現役世代の人でも30万円でいいということ。

ただし、医療費が3割負担だからといって、入院して治療に月100万円かかった

ら30万円負担しなくてはいけないというわけではありません。

なぜなら「高額療養費制度」という、**負担が一定額を超えたら、超えた額を戻してくれる制度があるからです。**

100万円の入院をしても、自己負担は1割以下

「高額療養費制度」を利用すれば、どのぐらいの金額が戻るのでしょうか。

例えば、69歳以下で年収約370万円から約770万円の人が、月100万円の治療をしたとしましょう。現役世代の自己負担は3割ですから、単純に考えれば30万円ですが、実は、月に8万7430円を超えた分は負担しなくていいことになっています。

さらに、3カ月以上の高額療養費の支給を受けた場合、4カ月目からはこの自己負担のハードルがさらに下がって4万4400円になります。

つまり、半年入院して、月100万円の治療×6カ月＝600万円の治療を受けたとしても、本人の自己負担額は40万円程度で済むということです。

しかも、年収が約370万円以下だと、月100万円の治療をしようが1000万円の治療をしようが、自己負担が月5万7600円を超えることはないのです。

「世帯合算」で、みんなの治療代が下がる

さらに、「高額療養費制度」のすごいところは、「世帯合算」といって、**同じ健康保険に加入している家族なら、それぞれの医療費の自己負担額を合算したうえで、そこに「高額療養費制度」が使える**こと。

例えば、80歳の夫が入院して1カ月で100万円の治療を受けたとします。この場合の自己負担は5万7600円。同じ時期に、妻も入院して100万円の治療を受け

たとすると、２人で合計２００万円の治療費ということになりますが、「世帯合算」で「高額療養費制度」が使えるので、自己負担は２人合わせても5万７６００円ということになります。

また、４カ月目からはさらに安くなりますから、２人でそれぞれ１００万円の治療を6カ月間受け、治療費の合計が１２００万円になったとしても、同じ公的保険に加入していたら、その中で自分たちが支払わなくてはならない自己負担分は全部で約30万円ということになります。

ちなみに、**70歳以上で年収が約１５６万円から約３７０万円までの人は、どんなに高額な治療を受けても自己負担額は月5万７６００円。**同じ保険に入っていれば、「世帯合算」を使って２人で高額な治療を受けても、この自己負担額は変わりません。

そもそも、今の病院は、病床の回転率を上げないと儲からないため、精神的な疾患などを除けば、**1カ月以上の長期入院になることは少ない**ようです。がんの手術でも、1週間くらいで退院させられてしまうことがあるほどです。

そう考えたら、**自己負担額はそれほど大きくならない**でしょう。

POINT

「高額療養費制度」を知れば、100万円の入院費も9万円弱に！
しかも、同じ保険なら家族それぞれ100万円でも自己負担は同じ!!

②「先進医療」は、誤解されている

「健康保険」を使えば、自己負担額が少なくて済むことはわかったけれど、「健康保険」適用外の「先進医療」を受けた場合には、多額の治療費がかかるのではないかと心配する人もおられるでしょう。

「先進医療」の費用は、公的な保険では支払われません。

ですから、すべて患者負担となり、しかも高額なものも多いので、民間の医療保険は、「先進医療に備えなくてはいけません」と盛んに宣伝しています。

「先進医療」は、その言葉のイメージから、最先端で優れた医療と思われがちです。

病気になったら誰もがより良い医療を受けたいと望むはずですから、良いイメージのある「先進医療」をカバーする保険に入っておかなくてはと思うのも無理はないでしょう。

けれど、「先進医療」は必ずしも最先端の優れた治療を指すわけではありません。**「先進医療」とは、新しく、まだ医療界でその評価が定まっていない治療のこと。**エビデンスも十分ではないため、健康保険の対象にするのは早すぎるものなのだということを、覚えておきましょう。

ですから、一定の評価が固まれば、今「先進医療」といわれているものも、いずれ健康保険の対象になってきます。

がんの特効薬オプジーボも一部健康保険対象に!

実は、**いくつかの「先進医療」がすでに健康保険の対象と**なっています。

例えば、治療に約300万円もかかる前立腺がんなどの治療で行われる「重粒子線治療」も「先進医療」の1つで、これまではすべて自己負担でしたが、一部保険適用になりました。

また、約150万円かかるといわれていた最先端の手術支援ロボット「ダヴィンチ」を使った治療も、保険適用になって約9万円で受けることができます。

1回の投薬で約130万円かかるといわれるオプジーボも、一部治療で健康保険対象になり、手の届くものになりつつあります。

さらに、病気になったら「先進医療」を受けないと治らないと思い込んでいる人もいるようですが、そうではありません。「先進医療」よりも保険適用の治療のほうが有効というケースは山ほどあるのです。

がん治療の99%は、「先進医療」を使っていない

現在、日本には、約100万人のがん患者がいますが、「先進医療」を受けている人は、そのうちのわずか1%程度です。**ほとんどの人は、健康保険が適用される治療**

で、**がんを克服**しています。多くの方は、「先進医療」は高額だと思っているようですが、中には治療費が1万円に満たないものもあります。

例えば、**ピロリ菌除去代は、感染診断と除菌治療代をすべて自己負担しても2万円**前後です。こうした安い治療もあるので、「先進医療」で平均的にかかる費用は、5万円程度です。

300万円もする重粒子線治療ばかりが取りざたされますが、この治療を受けたのは、年間で1008名（2017年7月〜2018年6月、厚生労働省調べ）と、それほど多くはありません。

そもそも、**民間の保険につける「先進医療」の特約費用は月100円くらい**。こんな安い料金で特約がつけられるのは、あまり多くは使われていないからでしょう。

POINT

「先進医療」は評価の定まっていない医療。ほとんどの病気は、健康保険でカバーされます。

③「傷病手当金」は、サラリーマンの強い味方

病気やけがで働けず、会社を休まなくてはならなくなると、どうやって生活していけばいいのか困ります。

だから、**「もしもの時に備えて、民間の保険に入る」という人は多いと思いますが、その前に、覚えておいたほうがいいこと**があります。**それは、「傷病手当金」です。**

勤務中の事故などは「労災保険」で補償されますが、勤務時間外の事故や病気は、「健康保険」で支えられます。それが、「傷病手当金」。**元気に出社できるようになるまで、最長1年6カ月、給料の3分の2が「健康保険」から支給されます。**

「傷病手当金」が支給される条件は、次の4つになります。

1　業務外での病気やけがの療養のための休業であること

労災から休業補償給付を受けている場合には、「傷病手当金」は出ません。

2　仕事に就くことができないこと

療養担当者の見解をもとに、仕事内容などを考慮して判断されます。

3　連続する3日間を含み4日以上仕事に就けない状況であること

2日休んで2日出勤するという働き方では「傷病手当金」の対象となりません。

4　休業している間に、給料の支払いがないこと

会社から給料の支払いがあっても、「傷病手当金」よりも額が少ない場合には、「傷病手当金」との差額分が支払われます。

「傷病手当金」は、支給されている間に会社を退職することになった場合でも、就業不能な状況が続いていれば、支給を受け続けることができます。

うつ病で会社に行けなくなり、そのまま退職せざるを得なくなってしまっても、「傷病手当金」が最長で1年6カ月もらえれば、本当に助かるという人もいることでしょう。

ただし、退職日の前までに、健康保険に加入している期間が継続して1年以上必要です。ちなみに、パートでも会社の健康保険に加入していれば「傷病手当金」はもらえます。

POINT

最長1年6カ月、給料の3分の2が支給される「傷病手当金」。パートでも、健康保険に加入していればOK！

④海外でけがしても、「健康保険」が使える⁉

日本の「健康保険」は、日本国内で通用する制度です。

ですから、海外旅行先で病気になり、日本で発行されている健康保険証を出しても、当然ですが、日本のように自己負担分だけで治療が受けられるわけではありません。

ただし、日本に帰国してから、海外での医療費を取り戻すことはできます。

これは「**海外療養費制度**」といって、**海外旅行中や海外赴任中に急な病気やけがなどに見舞われ、やむを得ず現地の医療機関で治療を受けた場合、いったんは医療費を全額支払い、帰国後に申請し、一部を払い戻してもらう**という制度です。

支給額は、日本国内で同じ傷病治療をした場合の治療費を基準に計算されます。そこで算出された金額から自己負担分を差し引いた額が払い戻されることになります。

ただし、**美容整形やインプラントなど、日本国内で保険適用となっていない医療行為や投薬については対象外**となります。

また、海外の医療事情によって、給付額が少なくなるケースもあります。

さらに、**治療を目的として海外に渡航して診療を受けた場合**や、**日本では実施できない治療を受けた場合には、保険給付の対象外**となります。

POINT

海外では、「健康保険」で急な病気やけがの治療はできないけれど、帰国後に申請すれば、医療費の一部を払い戻してもらえます。

⑤ 公的保険で、「埋葬料」が出る!?

「国民健康保険」に加入している自営業者や、「後期高齢者医療制度」に加入している75歳以上の人が亡くなった場合、該当する**役所の保険担当部署に申請すると、葬儀代金への補助として葬祭費が支給**されます。

この支給額は、自治体によって違います。例えば、東京23区だと7万円、大阪では5万円、福岡では3万円が支給されます。

会社員の場合は、加入している「健康保険」から、こうしたお金が支給されます。企業側に財政的に余裕があれば、かなりの金額が出るところもあります。

「健康保険」がない中小企業に勤めている人の場合は、「協会けんぽ」に加入するこ

とになっていますが、協会けんぽでは、**加入者が亡くなった時には埋葬料が、加入者に扶養されていた人が亡くなった時には被保険者に家族埋葬料が支給されます。**金額は**どちらも5万円**です。

ちなみに、子どもが生まれたら、子ども1人につき42万円の「出産育児一時金」が、どの保険に加入していても支給されます。

さらに、社会保険に加入し、出産のために会社を休んだ場合には、出産日の42日前から出産翌日以降56日までの範囲で「出産手当金」が支給されます。

金額は、給料のほぼ3分の2。これを約100日間もらえるのですから、かなり助かります。

POINT

葬儀費用から出産費用まで支給される、意外に知られていない公的保険のサポート力。

⑥ 民間保険で押さえるべき3つのポイント

公的年金があれば、民間の保険の死亡保障は少なくても、残された家族はなんとか生活していけるということは、すでに63ページでお話ししました。

医療の面でも、「健康保険制度」があるので、それほど多額な医療費は必要ないこともご理解いただけたのではないかと思います。

では、民間の生命保険に入るとしたら、どれくらい入っておけばいいのでしょうか？

その前に、**民間保険の３つの基本**について、押さえておきましょう。

1　保険は、もしもの時に備えるもの
2　保険で出るのは、お金だけ
3　保険は、貯金にならない

保険は、〝不幸クジ〟

まず、1つ目の「保険は、もしもの時に備えるもの」ですが、**生命保険というのは、クジのようなものです。**それも、不幸になった人が当選する、〝不幸クジ〟。

保険の原則は、みんなからお金を集め、死亡したり、病気になったりした人がそれを受け取るというもの。健康で長生きする幸せな人は、お金を支払うだけで、いつまで経ってもお金をもらうことができません。

ただ、若い人と老人が同じクジの仲間だと、老人のほうが若い人よりも死亡したり病気になったりする確率は高くなってしまうし、男性よりも女性のほうが長寿なので死亡する確率は低くなってしまう。

そうした不公平を防ぐため生命保険では、同じ年齢、同じ性別の人でグループを作って、そのグループの中で〝不幸クジ〟を引くことになります。そのクジは、1年ごとの掛け捨てです。

もし、幸いなことに、その年に**誰も不幸な目に遭わなかったら、支払った保険料は、配当という形で全員に返されます。**

そう考えると、**多額な保険に入る必要はありません。**もしもの時に備えて、**最低限のクジに入っておけばいい**のです。

保険会社は、保険料の安い会社がいい会社

生命保険のCMには、「家族の絆」や「家族を見守る」などという情緒的な謳《うた》い文句のものが多いですが、実際には、保険というのは「死亡したらお金が出る」「病気

で入院（通院）したらお金が出る」という、お金だけの問題です。「家族を見守る」といっても、生命保険会社が、加入者の生活を見守ってくれるわけではありません。**保険会社がやってくれるのは、死亡したり入院したりした時にお金を支払ってくれることだけ**。それも、加入者、あるいは残された家族があらゆる書類を取り寄せて保険会社に請求しない限り、保険金や給付金は支払われません。

そもそも、保険の役割というのは、イザという時にお金を支払うだけのものなのです。保険料は、さまざまなデータから算出されています。

死亡保障は年齢や男女などで類別したうえで割り出した生存率や死亡率、平均寿命などを示した「生命表」をもとに計算され、医療保障は厚生労働省が公表している「患者調査」などのデータから計算されます。

つまり、保険とは数理だけで成り立っているもので、情緒の入り込む余地などないのです。

しかも、保険会社が参考にしている日本人の死亡率や病気の罹患率は同じデータですから、当然、**死亡保障や病気保障の金額も同じ**になります。そして、**保障を受けるために支払う保険料は1年ごとの掛け捨て**です。

けれど、**会社によって支払う保険料が違うのは、この掛け捨ての保険金に上乗せされる会社の経費が違うから**です。ですから、同じ「死亡したら1000万円」という保険なら、保険料が安い会社のほうがみなさんにとっては有利に決まっています。

ところが、多くの人が「家族の絆」や「家族を見守る」などというCMを作るためにお金をかけて、その分、保険料を高くしている会社の保険に入らされているというのは、なんとも不思議です。

生命保険は、掛け捨てにしましょう

これから入るなら、「生命保険は、絶対に掛け捨てにしなさい！」。

なぜなら、保険の運用利回りに当たる予定利率が、掛け捨ての場合、0・3％前後と、超低金利になっていて、運用で増えるどころか目減りするからです。

銀行の預金金利が0・001％なことを考えると、0・3％というのは運用利回りがかなり高い気がしますが、保険と預金は違います。

預金は、銀行に1万円を預けると、その1万円に対して0・001％の利息がついていきますが、保険の場合には、1万円の保険料で、まず死亡保障や医療保障といった掛け捨ての〝不幸クジ〟を買い、さらに保険会社の運営手数料が引かれ、残りが0・3％で運用されていくのです。ですから、保険料として払った1万円は、増えるどころかなかなか1万円にならないのです。

だとしたら、保険で貯金しようなどとは考えず、**最初から「保険は掛け捨て」「貯金は別にする」と割り切ったほうが合理的**でしょう。

しかも、たとえ銀行が破綻しても、預けてある貯金は「1000万円＋利息」までは預金保険機構で守られるのでマイナスになりませんが、保険会社が破綻すると、掛け捨ての保障については継続されますが、貯蓄部分については大幅に削られます。保険でお金を貯めようとしても、ほとんど増えないうえに保険会社が破綻したら貯蓄部分が削られるのでは、踏んだり蹴ったり。

だとしたら、これから加入するなら「生命保険は、絶対に掛け捨てにしなさい！」。**保険の運用利回り（予定利率）は、加入した時の利率が最後まで適用されます。**今から30年ぐらい前には運用利回り5・5％などという時期もありました。ですから、**利率の高い時期に入っている人は、今でも貯金が増え続けているので、解約せずにい**たほうがいいでしょう。

POINT

もしもの時に備えて、保険は最低限の保障があればいい。保険は掛け捨て。入るなら保険料が一番安い会社に！

⑦保険用語に、翻弄されない！

多くの方が、保険は「難しい」とか「よくわからない」と思っているようです。

保険の基本は、前述した3つ。特に、生命保険の保障は、死亡したらお金が出る「死亡保障」と、病気で入院（通院）したらお金が出る「医療保障」の2つ。そこに「貯蓄」が付いているものもありますが、これから入るなら掛け捨てにすべきです。だとすれば、考えなくてはいけないのは「死亡保障」と「医療保障」の2つだけ。

この2つだけを考えれば、「難しい」「よくわからない」という声が出ることはないでしょう。

保険という商品は、車やテレビのように、形があるものではありません。**保険商品**

は「○○の状態になったらお金を支払う」という契約で、形のないものです。形のないものを売るわけですから、保険ではあらゆる状況を想定しなくてはならないし、紛らわしい言葉は使えません。生命保険の約款《やっかん》に、普通の人なら頭が痛くなってしまうような難解な言葉が、細かい字で延々と書かれているのはそのためです。

それを見るだけで、「難しい」「よくわからない」となってしまうのです。

保険用語だけを覚えようとしない

保険について勉強したいと思った時に手に取る本が、また難しい。

まず、どんな保険があるのかという説明から始まる本が多いのですが、「**終身保険**」「**養老保険**」「**定期保険**」「**定期付き終身保険**」「**無選択型終身保険**」「**三大疾病保障保険**」「**変額保険**」など、ズラズラと保険商品の名称がならび、次々と解説されています。

「終身保険」「定期保険」「定期付き終身保険」あたりまではなんとなく理解できるけ

れど、ページをめくって「無選択型終身保険」「三大疾病保障保険」など、新しい商品名が出てくると、それを理解しようとしているうちに、その前に読んだ「終身保険」「定期保険」「定期付き終身保険」が何だったのか忘れてしまう。

そこでつまずくと、もう先へは進めない。その結果、保険は「難しい」「よくわからない」ということになり、「やはり、プロに任せるしかないかな」と思ってしまうのです。

「自分には無理」という思い込みを捨てる

保険を売っているセールスマン、セールスウーマンは保険のプロです。

そういう人に相談したら、ほとんどの場合、相手が売りたいものを買わされてしまうのがオチです。

みなさんは、車を買う時に、車のセールスマンに「私は、どの車に乗ればいいでしょう」などとは聞かないと思います。なぜなら、そんなことを聞いたら、相手が一番売りたい車を買わされてしまうことを知っているからです。

けれど、どうして保険を買う時には「私には、どの保険がいいでしょう」という聞き方をするのでしょうか。

それは、保険という商品が目に見えない契約というもので成り立っていて、自分には「難しい」「わからない」と思い込んでいるからです。

そうであれば、ちょっと発想を変えてみましょう。それだけで、自分にぴったりな保険を、自分でオーダーすることができます。

家族の将来予想と必要な保障額を把握する

大切なのは、保険を理解することに時間を費やすのではなく、自分と家族の将来をしっかり考えてみること。

そのために、**自分や妻、子どもたちの年齢をはじめ、詳しい家族構成を書き出して**みましょう。自分が○歳の時に、妻が○歳、子どもたちが○歳といったことをグラフに書き出してみるとわかりやすいでしょう。

そこに、**保険で必要な2つの保障、「死亡保障」と「医療保障」を書き込めばいい**のです。

70ページの民間の生命保険が必要かというところでもお話ししましたが、日本は、経済協力開発機構（OECD）の比較可能な34カ国中、国が教育に最もお金を出さない国です。特に、高校、大学への支援は少ないので、子ども1人当たり約1000万円の教育費が、家庭の負担となります。子どもが2人いたら、約2000万円です。

大黒柱の父親（サラリーマン）が亡くなっても、子どもがいれば遺族年金が出ますから、残された家族はどうにか暮らしていくことができます。ただ、いくら母親が頑張って働いても、子ども1人につき1000万円もの教育費を稼ぐことは難しいでしょう。

そう考えたら、**「死亡保障」は、子どもが生まれたら、子ども1人につき1000万円を確保しておく**ことが必要でしょう。

けれど、**子どもが社会人になったら、この1000万円は必要なくなりますから、解約してもいい**でしょう。

また、妻が病弱で治療費がかかるという家庭なら、妻にそれなりのお金を残してあげることも必要になるかもしれません。

つまり、**まず知っておかなくてはいけないのは、保険の知識ではなく、家族の状況**

と**将来予想**です。それが完成したら、家族構成で作ったグラフに、「必要な死亡保障額」を書き込んでみましょう。
これができれば、「死亡保障」がどれだけ必要かが一目瞭然になります。

医療費は最低限確保すればいい

「医療保障」は、「民間保険で押さえるべき3つのポイント」（122ページ〜）でお話ししたように、公的な保険だけではまかなえない額の分だけを掛け捨てで契約すればいいのです。

例えば、「半年入院すると医療費の自己負担分が40万円かかるようだが、40万円も用意できない」という人は、40万円がもらえるような民間の保険に入ればいいのです。

例えば、入院1日5000円で60日、手術は20万円という保険なら、入院で5000円×60日＝30万円。手術で20万円の計50万円を確保できます。

一生涯この保障がつく保険の場合、30歳男性ならネットで契約すれば月1500円くらいの保険料で加入できます。ただし、53歳まで保険料を支払い続けたら、保険料が40万円を超えますから、その間に病気で半年入院しなかったら、貯金しておいたほうが良かったということになります。

人件費の少ないインターネット保険が一番安い

大切なのは、**自分と家族は、「死亡保障」と「医療保障」を、いつまで、どれだけ確保しておけばいいのかを知る**ことです。

これがわかったら、それに合った保険を探せばいいのです。

今はインターネットの時代ですから、まずは保険料が試算できるサイトを探すといいでしょう。

124ページでも書きましたが、**生命保険は、保険料が安い保険がいい会社**なのです。

なぜなら、「死亡保障」と「医療保障」に関しては、どの保険会社も保障額はほぼ同じ。ところが、保障額がまったく同じなのに保険料が違うのは、その保障の料金に上乗せされる保険会社の経費が違うからです。

経費の中で一番高いのは、人件費。ですから、**人件費が少なくて済むインターネットの保険が、一番安い**ということになります。

ネット検索が苦手という人は、保険のセールスに頼んでもいいですが、その時には、**家族構成と保険の必要額を書いた紙を渡して保険を設計してもらう**。それができなければ、プロとは言えません。

POINT

保険に入るなら、保険用語を覚えるよりも、家族の将来予想をしっかり立て、必要な保障額を把握する。

⑧ 生命保険は、アフターフォローのない商品

生命保険は、アフターフォローのない商品です。なぜなら、保険に加入したあとに、保険会社のほうから、「亡くなられましたか？」や「病気で入院されましたか？」など定期的に尋ねてくれることはないからです。

保険というのは、お金でつながっているだけの契約ですから、加入者が死亡したら、残された家族が医師に死亡診断書を書いてもらう、入院したら診断書を入手する。そうしたうえで**保険会社に請求しなくては保険金や給付金は支払われません。**

つまり、**契約後、保険会社が何かやってくれるわけではない**のです。

こう言うと、「でも、私のところの保険外交員は、3年に1度は訪ねてきて、保険のメンテナンスをしてくれます」と反論する人もいるでしょう。

けれど、それはたぶん、アフターフォローではないでしょう。保険のセールス担当者は、保険を売ると保険会社からマージンを受け取ります。売ったものの歩合を一括でもらうというケースは珍しく、大体は2年から3年に分けて受け取ります。つまり、2年か3年経つと、その歩合はなくなります。

ですから、契約中の保険を見直させて新しい保険に加入させれば、またそこから新たな歩合が発生するというわけです。

もちろん、心優しく加入者のことを気にかけて頻繁に訪ねてくれるような外交員がいないとは言い切れませんが、多くは、自分の歩合のためにやってくるのですから、情に流されて要らない契約などしないよう気をつけましょう。

POINT

契約後、保険会社は何もしてくれない。何かあれば、すべて自分で手続きをしなければなりません。

第4章「投資」を疑う!

瀕死の銀行があなたの貯金を狙っている

①投資なんて、おやめなさい！

「銀行にお金を預けておいても、金利がほとんどゼロなので増えない。将来が不安なので、私も投資をしなくては」

そんなふうに考える人が、増えています。

国も、「貯蓄より投資へ」と勧めていて、しかも「投資」には損をするイメージがあると考えたようで、金融庁がわざわざ「投資」を、「資産形成」という言葉に変えています。

「投資」は怖いと思っている人でも、「資産形成」と言われたら、コツコツとお金を貯めていく堅実なイメージを抱き、「それなら安心だ」と考えるのでしょう。

でも、言葉を変えただけで、中身は同じことなのです。

金融庁のホームページの「貯蓄と投資の違い」にあるイラストを見ると、誰もが「投資」は財産を増やすものだと思うように描かれています。

けれど、それを鵜呑みにしたら、大変なことになります。

金融庁の調べでは、2018年3月までに銀行の窓口で投資信託を買って持っていた個人客の46%が、運用で損失を出していたとのこと。なんと、半分近い人が、銀行に勧められるままに投資して損をしているのです。

世界の景気は減速傾向へ

投資というのは、景気が上向きの時にするものです。

でも、今はどうでしょうか。

世界銀行は、2019年の世界の景気は減速すると予想しています。貿易をめぐる緊張感が高まり、金融環境もタイト化していて、ダウンサイジングリスクは高まっているとのことです。

国際通貨基金（IMF）も、2018年10月から3期連続で世界経済の成長率予測を下方修正していて、2019年4月に公表した3・3％という数字は、リーマン・ショック後に景気回復が始まった2010年以降で、最も低い水準となっています。中でも日本は2019年1月時点から0・1％下げ、1％というひどい数字になっています。

世界3大投資家の一人で、**投資の神様といわれるジム・ロジャーズは、**

「安倍政権の経済政策は日本の将来を滅茶苦茶にするものだ」

と警鐘を鳴らし、

「**うわべの好景気に騙されるな**」

とまで言っています。

どう考えても今は、「投資」を始める環境とはいえないでしょう。

POINT

金融機関は「資産形成」と言うけれど、うっかり信じて購入すれば大損してしまうかも。

②銀行が、あなたの預金を狙っている

外貨建て生命保険、投資信託、外貨預金、純金積立、個人年金……。銀行で売られている投資商品は、0・001%というさえない金利の預金に比べたら、どれも、魅力的に思えるのではないでしょうか。

けれど、**銀行の窓口で言われるがままにこうした投資商品を買ってはいけません。なぜなら、これらの投資商品は手数料が高く、目減りしないという保証がないから**です。

定年退職した人に聞くと、「自宅にいると毎日のように銀行から投資の勧誘電話が

かかってくる」と口々に言います。

今、銀行は、血眼《ちまなこ》になってみなさんに金融商品を売ろうとしています。なぜなら、本業の融資では儲からなくなっているからです。

どうしてそうなっているのかと言えば、日銀の超金融緩和とマイナス金利政策で、銀行は儲け口を封じられてしまっているからです。

金融緩和の影響で銀行は瀕死の状態に

かつての銀行は、企業や個人にお金を貸して利息を稼ぐというビジネスモデルの上に成り立っていました。

ところが、安倍政権になってから企業の内部留保が急速に増えました。背景にあるのは、日銀の黒田東彦《くろだはるひこ》総裁が続ける、泥沼状態の「異次元の金融緩和」です。

2013年、「2年で物価上昇率を2%にする」と大胆な金融緩和をスタートした黒田日銀ですが、実態は6年後の2019年で1%という惨状。

黒田総裁が掲げた金融緩和とは、年間80兆円の国債を銀行から買い取って、80兆円の資金を銀行に流し、世の中のお金をジャブジャブ流して金回りを良くし、経済をインフレ気味にしようというものでした。

ところが、そんな**大金を流されても、銀行は、このお金を貸し出す先がない。**

企業はアベノミクスの影響で100兆円以上も内部留保が増えているので借りる必要がないし、**個人も、収入が増えていないので借金しない。**しかも、超低金利政策の中では、貸し出しても利ざやが稼げない。

仕方なく、日銀から流れてくるお金を、日銀の中にある当座預金口座に預けていました。少なくとも、預ければ0・1%の金利がついたからです。

けれど、日銀は「これ以上預けてはダメ!」とばかりに「マイナス金利政策」を発動。マイナス金利の影響を受けた債券相場は脳死状態になり、株式相場は、政府が株を買いまくる官製相場になってしまって、いつ暴落するかわからない。運用のしようがなくなり、**今の銀行は、にっちもさっちもいかずに、座して死を待つばかりの状況で**す。

そこで、**銀行が生き残りをかけて力を入れ始めたのが、悪質なローンの貸し込みと投資商品での手数料稼ぎ**でした。

銀行のカードローンが自己破産者急増を招いた

銀行のカードローン破綻が増えています。

図表4-1●自己破産申請件数（個人）

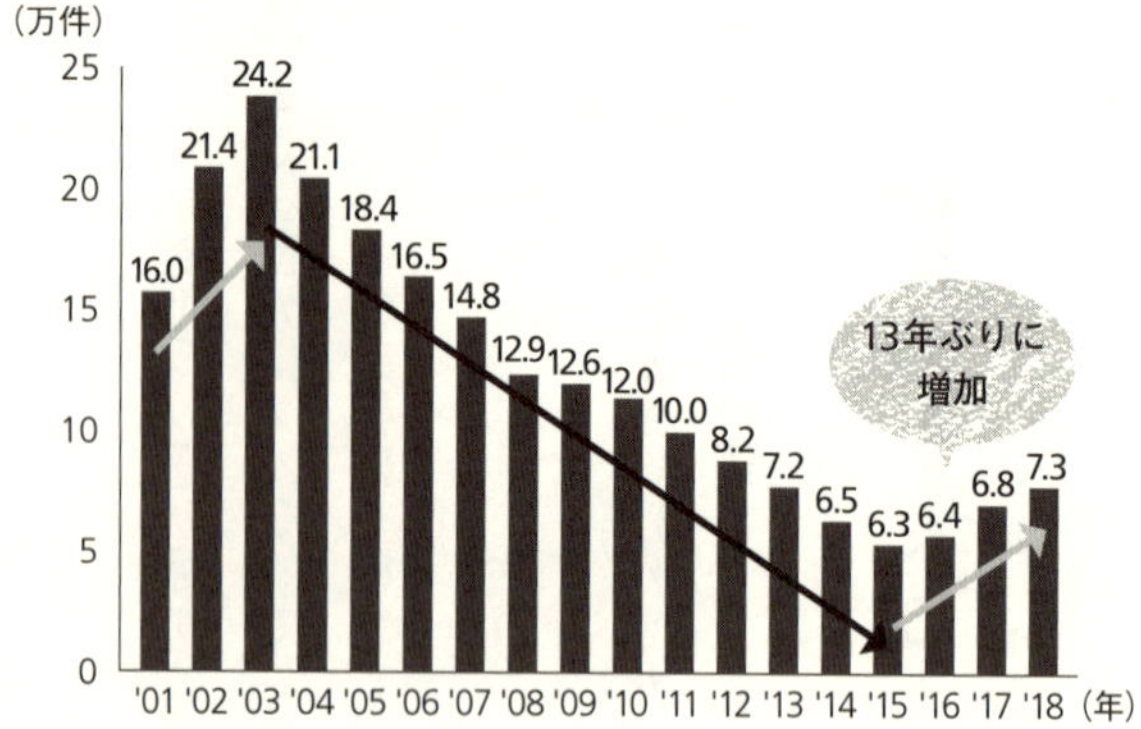

裁判所・司法統計をもとに作成

最高裁判所によれば、２０１０年代前半まで個人の自己破産件数は減っていましたが、２０１６年に前年比１・２％増の６万４６３７件と13年ぶりに増えました。

しかも、２０１７年は前年比６・４％増の６万８７９１件に増え、２０１８年には前年比６・２％増の７万３０８４件になりました。

これだけ**急激に自己破産が増えている大きな要因は、銀行のカードローンで行き詰まる人が多数出てきているから**です。

日銀の超金融緩和とマイナス金利の中で、

まともな融資ができなくなっている銀行は、金利の高いカードローンで儲けるしか生き残る道はないのです。

しかも、カードローンにとどまらず、悪質な貸し付けを随所で行っています。

例えば、社会問題になった、スルガ銀行のシェアハウス融資。

「与えられた数字を達成できないなら、ビルから飛び降りろ」と上司から罵声を浴びせられ、ものを投げられて「お前の家族をみな殺しにしてやる」と恫喝される行員。また、「死んでも頑張ります」という行員に、ゴミ箱を蹴り上げ「それなら死んでみろ」と吐き棄てる支店長。

スルガ銀行不正融資の第三者委員会の調査報告書を読みながら、これが今の銀行かと恐ろしくなりました。

給与明細書や預金残高を改ざんしてまで多額の貸し込みをしたスルガ銀行には、弁解の余地はありません。

けれど、それほどまでに銀行は、追い込まれているということです。

POINT

日銀の超金融緩和で銀行が狙うのは個人の資産。
銀行が勧める投資商品やカードローンにはご用心!

③金融機関にとっては、投資商品はノーリスク

銀行カードローンについては、破綻が急増したこともあり審査が厳格化していますが、投資に関しては国をあげて勧めているので、規制の強化はあまり見られません。

なぜ、銀行が、投資商品の販売に力を入れているのかといえば、**投資商品というのは、銀行にとっては、ノーリスクで儲けられるものだから**です。

こう書くと、「でも、投資にはリスクがあるじゃないか」と思う人もいるでしょう。

確かに、投資というのは儲かることがある一方、損をすることもあります。けれど、それは投資商品を買ったみなさんが受けるものであって、銀行は必ず儲かる仕組みに

なっています。

なぜなら、みなさんの損得に関係なく、銀行は必ず手数料が稼げるからです。

預貯金は銀行にとってリスクが高い

例えば、投資信託を買ったら、みなさんは損をしたり得をしたりします。けれど銀行は、みなさんがその投資信託を手放さない限り、信託報酬という手数料をもらい続けることができます。つまり、銀行はノーリスクで儲かるのです。

投資商品の反対にあるのが、預貯金。

みなさんにとって銀行や郵便局などに預ける預貯金は、わずかとはいえ利息がつく**ノーリスク商品ですが、銀行にとってはリスク商品**です。

なぜなら、預金を預かった銀行は、必ずそれを運用して増やしていかないと、みなさんに金利が払えないからです。

投資先がない今のような状況で、銀行がお金を運用して万が一、損益を出してしまえば、なかなか回復できないというリスクがあります。

ですから、**リスクの高い預金をたくさん預かるよりも、ノーリスクで儲けられる投資商品を売りたいというのが銀行の本音**です。

詳しい知識がなければ投資には手を出さない

もちろん、投資に関して詳しい知識を持ち、それが趣味だという人が自分のお金で投資するなら、なんの問題もありません。

けれど、投資のことはよくわからないし、自分でマメに情報収集するのも面倒で、投資したあとのチェックも人任せというような人は、無理に投資などする必要はありません。

少なくとも、投資をしなければ、お金を失うリスクは減るのですから。**デフレの中では、いったんお金を減らすと、なかなか回復できません。**だとしたら、投資をするにしても日銀がデフレ脱却宣言を出し、本格的にインフレになってからでもいいでしょう。

POINT

購入者にとって投資商品はリスク。でも銀行は、手数料で必ず儲かる仕組みになっている。

④投資は〝長期投資〟のほうが危ない!?

「投資の基本」は、〝長期投資〟だといわれています。

金融のプロをはじめとして、誰もがそう言うので、みなさんもそう思い込んでいるのではないでしょうか。

しかも、**金融庁までもが、ホームページで「つみたてNISA」に関して「将来のために増やしていきたいお金は、株式や投資信託などを利用した『投資』の形で、長い期間をかけて少しずつ増やしていくと良いでしょう」と紹介しています。**

さらに、「投資期間が長いことで、投資による価格変動リスクが小さくなり、安定した収益が期待できます」と書いてあります。

国をあげての「貯蓄から投資へ」の流れづくりの一環なのでしょうが、これを見て、私は、びっくり仰天しました。

なぜなら、**短期で運用するよりも、長期で運用するほうがリスクが小さくなるなどということはありえないからです。**

そんな〝嘘〟を、金融庁が、堂々とホームページに書いているのはおかしいと思います。

ここでは、なぜ「投資」は、短期よりも長期のほうがリスクが高いのかをお話ししていきます。

みなさんは、1カ月後の自分と、30年後の自分では、どちらが予想しやすいですか？

たぶん、**30年後にはどうなっているのかわからないけれど、1カ月後の自分は想像**

できるという人がほとんどでしょう。

「投資」も、それと同じです。

「投資」は、経済状況を見ながら行うものですが、30年後の経済がどうなっているのかなど、なかなか予想しにくい。

例えば、今から30年前に、アメリカとならぶ世界の2大大国と言われたソビエト連邦が崩壊し、世界がグローバル化すると予想した人は、当時ほとんどいませんでした。

ところが、1989年11月にベルリンの壁が崩れ、1991年12月にはソビエト連邦が崩壊。アメリカとソ連が対峙する冷戦時代が終わって、世界はアメリカ主導でグローバル化しました。

そのために、アメリカの株価は急激に上がり、1989年には2753ドルだったNYダウは、2019年には約10倍の2万6000ドル台になりました。

また、今から30年前には、ユーロ圏などという巨大な経済圏がヨーロッパにできると想像した人は、誰もいなかったでしょう。ヨーロッパがユーロ圏に完全移行したのは、2001年です。

しかも、そのユーロ圏が、イギリスの欧州連合（EU）からの離脱問題、いわゆるブレグジットに見るように、約20年で危機的状況を迎えるなどということは、誰も予想できていないはずです。

30年前の日本は、バブル景気にわいていました。**給料は右肩上がりで、国税庁の調査によると、1997年のサラリーマンの平均給料は467万円。**誰もが、給料は右肩上がりに上がっていくものだと信じていました。

ところが、1997年を境に給料は右肩下がりに減り始め、12年後の2009年に**は406万円と、なんと平均で約60万円も減ってしまった**のです。

さらに、30年前の日本は、まだ終身雇用制がとられていましたから、現在のようにリストラが横行し、働く人の半分が非正規雇用になる社会など、想像もできませんでした。

今から30年前の定期預金の金利は6％、株価は3万8915円でした。

まさか、30年後に定期預金の金利がほとんどゼロになり、株価が2万円まで落ちると予想できた人は、1人もいなかったでしょう。

つまり、30年後がどうなっているかなど予想できる人はほとんどいないということです。なぜなら、経済状況、投資環境は、猫の目のように変化する世の中の移り変わりによって大きく変わるからです。

けれど、1カ月後に世界がどうなっているのかということは、30年後に比べたら予想しやすい。つまり、「投資」しやすいということです。

投資のプロは3カ月先しか見ていない

実は、「投資のプロ」といわれる人でも、「30年後にはこうなるから、長い目で見て投資をしよう」などと考える人は、ほとんどいません。

目先の利益しか考えない人が大部分なのです。

例えば、投資信託を運用するファンドマネージャー。**彼らの多くは、3カ月先のことしか考えていません。**なぜなら、3カ月単位で運用成績が評価され、外資系の会社などでは、運用成績が悪ければクビになるからです。

実は、**3カ月単位で利益を追うというのは、「投資」では正解**なのです。なぜなら、20年先、30年先のことはわからないけれど、3カ月先のことなら、なんとなく状況が把握できるからです。

では、それがわかっていながら、なぜ「投資商品」を売る側は、「長期投資」のほうが安全だというのでしょうか。

プロが好む「長期投資」という言葉のマジック

多くの人は、今よりも、将来が良くなっていることを望んでいます。しかも、「投資」に関しては、知識が少ない人が多いので、自ら運用するより、プロにお願いしたいと思っています。

そこで、「どうなるかわかりませんが、短期で見るといい投資です」という言葉よりも、「これは将来に備えた長期投資です」という言葉に、魅力を感じます。将来は安泰という気分になってしまうのでしょう。

ですから、**「短期投資」よりも「長期投資」のほうが、金融商品を売る側はセールスしやすい**のです。

「長期投資」は、売る時だけではなく、途中で「投資商品」が大変なことになった時にも、切り抜けるためのキーワードになります。

経済は生きものですから、その「投資」が裏目に出て、買った「投資商品」が大幅に値下がりすることもあります。

下がり幅があまりに大きいことに驚いて、銀行に駆け込み、「こんなに損してるじゃないか、どうしてくれるんだ！」と抗議すると、

「投資ですから、良い時も悪い時もありますが、この商品は『長期投資』を基本としていますから、長い目で見たら良くなってくるはずですよ」

という言葉が返ってくるはず。

プロにそう言われると、素人は「そうかな」と思ってしまう。

ところが、いつまでたっても損が挽回できないので、何年かしてまた銀行の窓口に

行くと、当時の担当者は、すでに別の部署に異動になっていたというようなことは、よくあることです。

そこで、次の項では、実例を挙げ、投資信託の販売で誰が一番儲けているのかということを見てみましょう。

POINT

投資のプロの言うことが、すべて正しいとは限らない。先が読めない「長期投資」は、「短期投資」以上に大きなリスク。

⑤ 投資信託販売で、誰が一番儲かるのか？

「長期投資」は「短期投資」よりも、先が見えないだけにリスクは大きくなるということはわかっていただけたかと思います。

そこで、ここでは、本当に「長期投資」は儲かるのかということを、今から約20年前に販売された投資信託を例に見てみましょう。

ミレニアムの年の2000年に、**日本中の投資家をわかせた投資信託が発売**されました。

野村證券が「野村の頭脳の粋《すい》を集めた」という触れ込みで1兆円も売りまくって話題となった**「ノムラ日本株戦略ファンド」**です。

図表4-2●運用実績の推移（設定日前日＝10,000として指数化：月次）

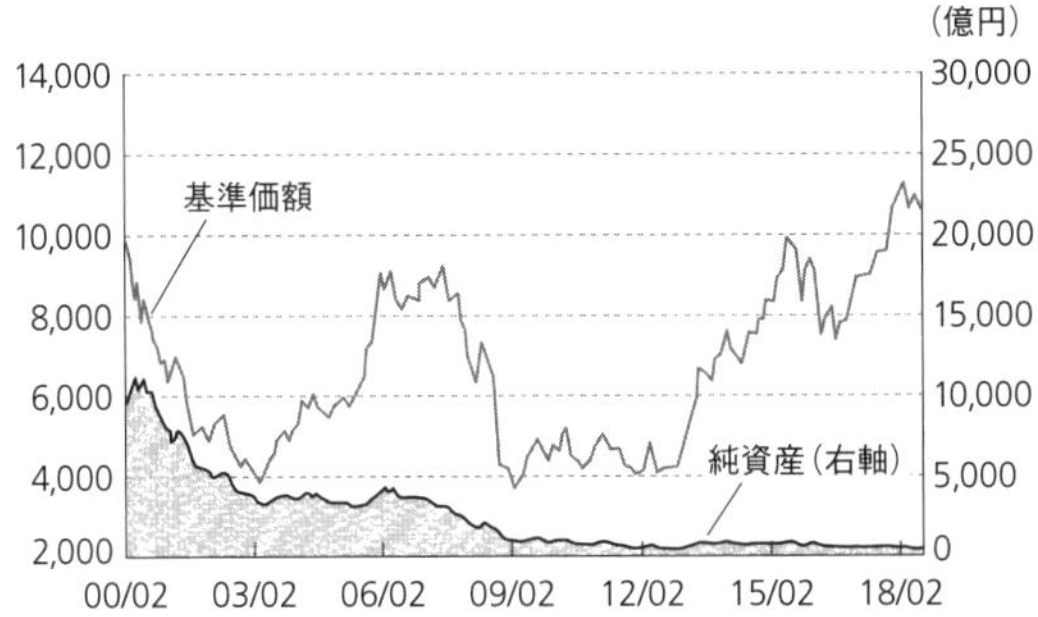

注：上記の指数化した基準価額の推移は、当該ファンドの信託報酬控除後の価額を用い、分配金を非課税で再投資したものとして計算。また、換金時の費用・税金等は考慮していない。
ノムラ日本株戦略ファンド　マンスリーレポート（2019年3月29日現在）をもとに作成

この投資信託に、退職金を注ぎ込んだという人も多くいました。

この投資信託は、１万円（基準価格）で**販売したものが、販売後３年で４０００円まで下がり、多くの人が売って去っていきました。**

その後、上がったり下がったりしながら、**約20年後にようやく買った時の１万円に戻りました。**

でも、買った時の価格に戻っただけなので、最初に「将来有望」と思い飛びついた人は、約20年もの間、利息もつかないお金を寝かせておいたのと同じ。

それどころか、2000年の大卒初任給が約19万円で、2018年が約21万円なことを考えると、大卒初任給は約1割上がっているのに、この投資信託は上がっていないということになります。

では、誰がこの投資信託で儲けたのか。

一番儲かったのは、販売サイド

「ノムラ日本株戦略ファンド」を買って一番儲けたのは、野村證券などの金融機関。

なぜなら、この投資信託の運用手数料（信託報酬）は、純資産総額の2・052%で、**その手数料は、毎年確実に販売サイドの会社に入ってくる**からです。

ピーク時は年約200億円の手数料が入り、そのあとは増えたり減ったりしますが、2019年の今でも年15億円くらいの手数料をコンスタントに稼ぎ出しています。

ですから、野村證券をはじめとした**金融機関は、発売以来、1000億円を超える手数料を、この投資信託で稼いでいる**ことになります。

大人気だったこの投資信託の「長期投資」で儲けたのは、買った人よりも販売サイドだったということを覚えておきましょう。

POINT

1万円で買った投資信託が3年後に、なんと4000円!?
買った人は大損しても、金融機関には毎年運用手数料が入る。

⑥「投資」では、「お金と時間と情報」がある人が勝つ！

投資で大切なのは、「お金と時間と情報」。

まず、「お金」について見てみましょう。

例えば、100万円を持っているAさんと200万円を持っているBさんが、100万円で株を1株買ったとします。

この株が150万円になれば、AさんもBさんも、2人とも儲かります。けれど、株ですから、上がることもあれば、下がることもあります。

仮に、この100万円で買った株が50万円に値下がりしたとします。この場合、A

さんは、もうお金がないのでその株を持っているしかありませんが、Bさんは100万円を持っているので、50万円になってしまった株をこの100万円で2株買うことができます。

そうすると、200万円で3株持つことになりますから、1株あたりの購入コストは約67万円になります。

ですから、Bさんは、株価が67万円以上に戻れば利益が出ます。一方Aさんは、株価が100万円まで上がらないと利益が出ません。

つまり、**投資では、「お金」があるほうが有利になる可能性が高い**ということです。

「プロにお任せ」では儲からない

投資は、「タイミングが大切」と言われます。投資で儲けるためには、株などの「投資商品」を、安く買って高く売らなくてはなりません。

つまり、売り買いのタイミングが大切なのですが、そのタイミングは、常にチェックしていないとわかりません。時間がない人は、せっかくのタイミングも、逃してしまうことになりかねません。

なぜなら、相場は常に動いているからです。その動いている相場をつかまえて売り買いすることは、時間的な余裕がなくてはできないのです。

多くの人は、それが面倒なので「プロにお任せ」ということで投資信託を買うのでしょうが、銀行の窓口で投資信託を買った人の46%が損をしている（143ページ参照）ことからもわかるように、時間をかけず簡単に儲かるなどということは、「投資」の世界には滅多にありません。

インターネットが情報収集に力を発揮

世界の3大富豪の一人でもあるアメリカの投資家、ウォーレン・バフェットが、**株式投資の極意を、**

「いい銘柄を見つけて、いいタイミングで買い、いい会社である限り持ち続けること。これに尽きます」

と言っています。

この言葉をとって、「だから〝長期投資〟が大切」といって〝長期投資〟を勧めるプロがいますが、それは間違いだと思います。

「いい銘柄を見つける」ためには、「情報」が必要です。
「いいタイミングで買う」ためには、「時間」が必要です。
「いい会社である限り持ち続ける」には、途中で売却しなくてもいい「お金」が必要です。

つまり、バフェットは、「お金と時間と情報」で10兆円近い富を築き上げたのであって、単に買ったものを長く持っていたら10兆円になったわけではありません。

さらに言えば、**投資には「たゆまぬ努力」も必要**です。

バフェットは、毎朝、新聞を読んで情報収集をし、ほぼ1日中読書をして知識を蓄えています。その努力が土台にあったうえで、「いい銘柄を見つけ、いいタイミングで買い、いい会社である限り持ち続ける」ということができるのです。

「この投資信託は、長期投資向きです」などと勧められ、それをずっと持っているような受け身の「投資」をしているわけではありません。

少なくとも、人に勧められるままに投資をするのではなく、インターネットで銘柄を見つけ、手数料が安いネットで買う。

これからは、最低限、ネットで売り買いしたり情報を集めたりすることができない人は、投資などしないほうがいいでしょう。

POINT

人任せの投資では絶対に成功しない。インターネットを最大限に使いこなし、自力で勝負！

⑦郵便局神話は、捨てましょう！

2019年4月1日から、郵便局での貯金の預け入れ限度額が1300万円から、2倍の2600万円になりました。

郵便貯金の預け入れ限度額は、長らく1000万円でした。多額の貯金を集めることは、民業圧迫になるという議論があったからです。

これが、1300万円になったのは、2016年4月から。ここでも、限度額の引き上げには、異論が噴出しました。

なぜなら、ゆうちょ銀行は、民営化とは名ばかりで、政府および地方公共団体が約

60％の株を持つ日本郵政が、9割の大株主となっている企業。それが、たった3年で、預け入れ限度額を一気に2倍の2600万円に引き上げたのです。

その背景には、日経平均を買い支える意図があるのではないかと、個人的には思います。

郵便局の預貯金が株式市場を支えるというカラクリ

ゆうちょ銀行は、通常の銀行のように、みなさんから集めたお金を貸し出しに回すことができません。融資機能がないからです。

ですから、みなさんから預かったお金は、**運用で増やすしかありません。**

以前は、国債中心の運用で国債比率が9割でしたが、日銀のマイナス金利で国債運用の旨味が薄れ、現在、国債では3割程度しか運用していません。

では、何で運用しているのかと言えば、株や不動産などのリスク資産です。

今、日本の株式市場は、日銀や年金などの公的資金が支えています。その株の買い支えに、預金限度額が倍になった郵便貯金が大いに貢献するのではないでしょうか。

しかも、郵便局は預金で株式市場を支えているだけではありません。投資信託や変額年金保険などを販売することによって、側面から株の買い支えに大きく貢献しています。

投資信託の4割以上が基準価格割れ

現在、郵便局で売られている投資信託は、窓口販売が67本、インターネット販売が142本の計209本。

そのうち、最初に1万円で売り出され、増えるどころか1万円を割り込んだ基準価格割れのものが窓口販売で24本、インターネット販売で66本の計90本あります。

つまり、**4割以上は基準価格割れしている**ことになり、中には、3049円と目も当てられない状況になっているものもあります（2019年3月29日現在）。

郵便局で売っている変額年金保険も、惨憺《さんたん》たる状況になっています。

ゆうちょ銀行のホームページで変額年金保険を見ると、「公的年金の不足を補えます」「じっくり運用が行えます」「万一の保障があります」とメリットばかりが書かれていて、さらに、現在取り扱われている3つの商品の説明があります。

ただ、その下を見ていくと、「募集停止の商品」として7商品の名前があります。「募集停止の商品」とは、大損しているのでもう運用をやめてしまったというものです。

つまり、これまで扱ってきた**変額年金保険の多くは、損が確定してしまっている**ということです。

「年金代わり」には根拠がない

昔は、「証券会社に比べて銀行は信用できる」と思われていましたが、今は、「銀行も、胡散《うさん》臭くなってきた」と思う人が増えています。

ところが、郵便局というのは一番身近にある金融機関ということで、まだまだ絶大な信用を得ています。

実は、**ゆうちょ銀行が取り扱う投資信託のうち53本は、「毎月分配型投資信託」。まとまったお金を預けると、月々一定額の配当が出るもので、例えば「1000万円預けておけば、月々2万円の配当が出ますよ」**というタイプ。

郵便局の利用者には、地方の高齢者も多いので、「年金代わりになりますよ」と勧められれば、定期預金のような気がして喜んで買ってしまうのでしょう。

たぶん、最初に預けた1000万円を運用して、毎月2万円ずつ配当金が出ていると思っている人が多いことと思います。

けれど、実態は、ほとんどがタコ足運用。タコが自分の足を食べるように、預けた元金から配当が出ているものが多いのです。

こうした商品を、郵便局は現在53本売り出していますが、この中で、**最初に買った時の1万円（基準価格）を超えているものはたった10本だけ。残りの43本は1万円を下回っています。**

しかも、半値の5000円を下回るものが6本もあり、最もひどいものは、1万円が2997円になっています（2019年4月26日現在）。

1000万円預けたのに、約300万円まで目減りしているというのは大変なことですが、郵便局を信用していて、まさか自分のお金がそんなことになっているとは思ってもいない人も多い気がします。

郵便局員は昔のままの親切さで接してくれるかもしれませんが、郵便局での投資にはご用心。

そろそろみなさん、**「郵便局神話」**を捨てたほうがいいでしょう。

POINT

郵便局も、銀行と変わらない。
定期預金のつもりで投資商品にお金を預けるのは間違い。

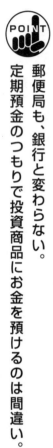

第5章

賢く働き、豊かな家計に！

①退職後も、賢く働こう！

人生100年時代といわれる今、いつまでも元気で働き続けたいという人が増えています。60歳を過ぎて、年金をもらいながらも働く人もいることでしょう。

年金が支給されるのは、基本的には65歳から。ですが、人によってはその前に、「特別支給の老齢厚生年金」がもらえます。

「特別支給の老齢厚生年金」の対象になるのは、男性なら1961（昭和36）年4月1日まで、女性なら1966（昭和41）年4月1日までに生まれた人です。

こうした人が、**バリバリ働いて高額な給料を稼ぐと、せっかくの年金が一部カット**

される**可能性**があります。

また、60歳を過ぎて一定額の収入を超えると年金はカットされます（在職老齢年金）。

給料が28万円を超えると年金が減る⁉

まず、60歳から64歳までの「働き方と年金」を見てみましょう。

60歳から64歳までは、給料と年金額が合計で月28万円以下ならカットの対象にはならず、給料を全額受け取りながら、年金も全額受け取ることができます。

けれど、28万円を超える（47万円以下）の場合、年金は減額されます。

どのくらい減額されるかといえば、給料と年金額の合計から28万円を差し引いた額の2分の1。

例えば、60歳まで給料を40万円もらっていて、60歳以降、この給料が30万円になったとします。そのかわり、年金が10万円支給されたとすると、30万円の給料と10万円の年金で合わせて40万円ですから、60歳時点でもらっていた給料と同額になります。

ところが、この場合、年金と給料の合計が28万円を超えてしまっているので、減額の対象になります。合計額の40万円から28万円を引いた12万円の半分、つまり6万円がカットされてしまいます。

10万円の年金額から6万円が減額されるので、受け取れるのは4万円。30万円の給料と合わせた収入は34万円となります。

せっかく年金を受け取れるのに、それがカットされてしまってはもったいない。

そこで、次の項では、その対策について考えてみましょう。

POINT

定年後、あまり稼ぎすぎると年金がカットに！
働くなら、年金カットのラインを把握して‼

②働き方を変えると、年金はフルにもらえる

せっかく受け取れるようになった年金をしっかりともらうためには、ちょっと**働き方を変えてみる**といいでしょう。

どう変えるのかといえば、**勤務時間を短縮し、フリーで働かせてもらう**のです。

なぜなら、28万円以上の給料を得たことで、年金カットの対象となるのは、厚生年金に加入する正社員だからです。働く時間をこの正社員の4分の3未満にしてパートになれば、年金はカットされません。

前述のケースでいえば、正社員としての給料が30万円だったら、勤務時間を4分の3未満にしてもらい、給料も4分の3未満の約22万円に下げてもらう。

そうすれば、10万円の年金はカットされずに全額支給されるので、給料22万円＋年金10万円となり、収入は約32万円になります。

さらに、60歳時点で40万円だった給料が22万円に下がれば、このあと紹介する「高年齢雇用継続給付」（192ページ～参照）から3万3000円給付されますので、合計で35万3000円を手にすることができます。

たった1万3000円増えるだけと思うかもしれませんが、働く時間は4分の3未満になっていますから、その分時間に余裕が生まれます。

雇う側としても、社員の社会保険料の半額負担がなくなりますから、悪い話ではないはずです。

図表5-1●60～64歳で特別支給の老齢厚生年金をもらっている人…あなたはどれに当てはまりますか？

（2019年4月1日現在）

<table>
<tr><th colspan="2">条件</th><th>年金の支給停止額の計算式（月額）</th></tr>
<tr><td colspan="2">年金月額＋総報酬月額相当額が28万円以下 ❶</td><td>全額支給（支給停止額＝0円）</td></tr>
<tr><td rowspan="4">年金月額＋総報酬月額相当額が28万円超</td><td>年金月額が28万円以下で総報酬月額相当額が47万円以下 ❷</td><td>（総報酬月額相当額＋年金月額－28万円）×1/2</td></tr>
<tr><td>年金月額が28万円以下で総報酬月額相当額が47万円超 ❸</td><td>（47万円＋年金月額－28万円）×1/2＋（総報酬月額相当額－47万円）</td></tr>
<tr><td>年金月額が28万円超で総報酬月額相当額が47万円以下 ❹</td><td>総報酬月額相当額×1/2</td></tr>
<tr><td>年金月額が28万円超で総報酬月額相当額が47万円超 ❺</td><td>（47万円×1/2）＋（総報酬月額相当額－47万円）</td></tr>
</table>

一般財団法人 年金住宅福祉協会の情報サイト「くらしすと」を参考に作成

65歳以上になると、条件が少々変わってきて、給料と年金を合わせて47万円以下なら、カットされずに全額もらえます。

ちなみに、公務員が定年退職後にそのまま働いた場合も、同様の年金カットがありますが、公務員が退職後、民間企業に再就職した時には、カットのボーダーラインは28万円ではなく47万円となります。

70歳定年時代がやってくるかも

今は、段階的ではありますが、**希望すれば、定年後も65歳まで勤め続けることができます。**

さらに、元気な人も多いので、政府の中には、人手不足対策として**70歳定年制を導入しよう**という意見が出ています。

そんな動きを注意しながら、なるべく長く、楽に働くことを心がけましょう。

POINT

働く時間を減らせば、年金は全額受け取れる。時間的な余裕と年金全額を手にすることも可能。

③再雇用で下がった給料には、給付金が出る⁉

年金支給年齢が60歳から65歳まで引き上げられたことで、**60歳から65歳までの収入の空白を埋めるために、本人が希望すれば、65歳まで働けるようになっています。**

これは**「継続雇用制度」というもので、現在は、ほとんどの会社が導入しています。**

今は、65歳まで働けますが、60歳の時点で支払っていた給料をそのまま支払い続けられる余裕がある会社は、それほどありません。ですから、多くの会社が、いったん60歳で退職してもらい、引き続き嘱託社員契約で雇うということを行っています。

嘱託社員契約だと、60歳でもらっていた給料の5〜7割になってしまうケースが多いため、生活が苦しくなってしまうケースが出てきます。

図表5-2●給料の低下率と支給割合

$$低下率（\%）= \frac{新しく支払われた賃金額}{賃金月額} \times 100$$

※賃金月額とは、60歳に到達する前6カ月間の平均賃金

- 低下率が61％以下であれば、毎月支給されている賃金の15％分を支給
- 低下率が61％を超えて75％未満であれば、0.44～14.35％を支給（早見表は省略）
- 低下率が75％を超える場合、支給なし

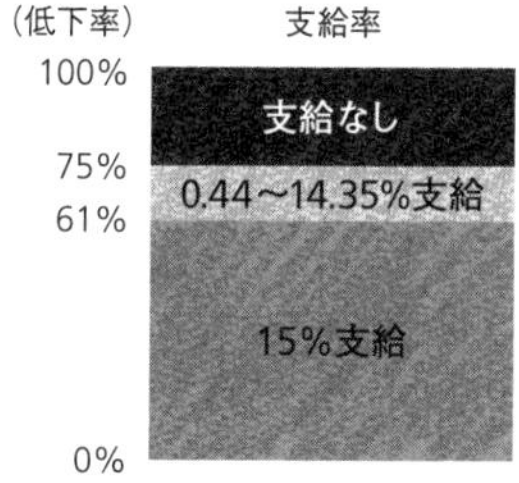

「知らないと損をする失業保険」ホームページをもとに作成

こういう人に対して、雇用保険から給付金が支給されます。それが**「高年齢雇用継続給付」**です。

60歳からの給料が減ったら、最大15％の援助が

雇用保険に5年以上加入している人で、60歳からもらう給料が、60歳までにもらっていた給料の4分の3未満に下がってしまった場合には、「高年齢雇用継続給付」から、給料の最大15％が給付金として支給されます。

支給される金額は、給料のマイナス分に

よって変わってきます。

例えば、60歳時点で月収40万円だった人が、60歳以降に収入が半額の20万円になったとしましょう。

この場合、「高年齢雇用継続給付」から支給される給付金は、3万円です。

ちなみに、給料30万円だった人が、給料20万円に下がってしまったら、1万6340円が支給されます。

ちょっと少ない気もしますが、それでも、ないよりはマシでしょう。

POINT

60歳以降の給料の減額は、「高年齢雇用継続給付」で補おう。

④妻のパートの3つの壁とは

老後に突入する前に、少しでも貯蓄を増やしておくため、妻がパートに出るというご家庭は多いようです。

ただし、**パートで働く時に気をつけなければいけない3つの大きな壁**があります。

1「配偶者控除」の壁
2「会社の社会保険に入る」壁
3「夫の扶養」の壁

この壁を上手に越えれば、少しでも手取り収入を増やすことにつながるかもしれません。そこで、1つずつ見ていきましょう。

1　「配偶者控除の壁」は年収150万円に

夫（世帯主）が公務員や会社員、また、自営業者でも夫と一緒には働いていない（青色申告、白色申告の事業専従者でない）妻の場合、以前は年収が103万円以下だと、夫の所得から38万円の配偶者控除を差し引くことができました（住民税は33万円）。
また、夫の年収が1220万円（年間の合計所得金額が1000万円）以下なら、妻の年収が103万円を超えても、141万円までは夫は配偶者特別控除が受けられました。

この、いわゆる「年収103万円の壁」が、2018年からは大幅に引き上げられて「年収150万円の壁」になりました。さらに、配偶者特別控除も201万5999円までつくようになっています。

ただし、夫の年収が1220万円を超えている人は、配偶者控除そのものが受けられなくなりました。

また、年収1120万円（合計所得900万円）以上は、控除が段階的に減ります。

2 「会社の社会保険に入る壁」は、会社の規模で年収106万円に

2016年10月から、従業員が501人以上の企業に勤め、労働時間が週20時間以上の人は会社の社会保険に加入しなくてはならないという「年収106万円の壁」ができました。

月収にすると8万8000円以上で、勤務期間が1年以上の見込みの人は、会社の社会保険に加入することになりました。

配偶者控除の壁は主婦が働きに出る時の夫の税金の控除の壁ですが、この「年収106万円の壁」は、税金の壁ではなく社会保険料の壁です。

ですから、年収106万円以上になっても、年収150万円までは配偶者控除は満額つかえます。

3 「夫の扶養がなくなる壁」は、年収130万円

会社の社会保険には加入せずに働くパートの主婦の方が気をつけなくてはいけないのが、年収130万円の壁。

会社員、公務員の妻は、年収130万円未満なら、自分では一銭も社会保険料を支払っていなくても、国民年金、国民健康保険に加入していることになっています（第3号被保険者）。つまり、パートの収入が129万9999円までは、夫の扶養に入っているということです。

ところが、この収入が130万円になった途端に、妻は夫の扶養から外れますから、それまで支払う必要のなかった国民年金保険料、国民健康保険料の合計年額約25万円

を負担しなくてはなりません。

そうなると、配偶者控除が150万円まで使えたとしても、マイナス効果のほうが大きくなってしまう可能性があります。

実は、もう1つ、**収入が100万円を超えると住民税を納税し、103万円を超えると所得税を納税しなくてはならない**という壁もあります。

ただし、**この壁は、超えても稼げるだけ稼いで収入を増やせばいい**ので、マイナスの壁ではありません。

次の項では、パートの「3つの壁」、それぞれの損得を考えてみましょう。

POINT

パート主婦の「収入の壁」はますます複雑に。さまざまな条件を理解し、損しない働き方を選ぶこと。

⑤ 3つの壁の賢い越え方

パートで働く時に気をつけるべきなのは、⑴配偶者控除の壁、⑵会社の社会保険に入る壁、⑶夫の扶養の壁の3つの壁だというのは前述したとおりです。

この中で、**一番気にしなくてはいけないのは、⑶の夫の扶養の壁**でしょう。

なぜなら、**夫の扶養から外れた途端に、年間約25万円もの社会保険料を自分で負担しなくてはならなくなる**からです。

ですから、もしパート収入が130万円以上になりそうだったら、129万9999円までに抑えるか、逆に130万円＋社会保険料25万円＝155万円を超えて、160

万円以上稼ぐためにバリバリ働くことが必要になってくるでしょう。

ただし、160万円を超えて働くと、たとえパートでも週30時間を超えてしまう可能性があり、そうなると、会社の社会保険に入らなくてはならなくなることもあります。

ですから、こうしたことも視野に入れ、働き方を考えたほうがいいでしょう。

会社の社会保険に加入する損得は

パートで働く時に注意しなくてはいけないのは、現在、従業員数501人以上の会社か、労使が合意しているか、いずれかの場合で、年収106万円（月収8万8000円）以上になると、会社の社会保険に加入して、厚生年金保険料、健康保険料を労使折半で支払わなくてはなりません。

パートでも、会社の社会保険制度に加入しておけば、将来的には基礎年金に厚生年金部分が上乗せされるので、もらえる年金は少し増えます。

また、病気やけがなどで会社を休まなくてはならなくなっても、傷病手当金として、給料の3分の2をもらえます。傷病手当金は最長で1年半有効なので、国民健康保険よりも手厚い保障を確保できます。さらに、出産した時も優遇されます。

月々の保険料については、独身者やシングルマザーで働いて国民年金、国民健康保険を支払っていたという人は、社会保険に加入すれば、保険料が労使折半になるので負担が減ります。

一方、夫の扶養で一銭も保険料を支払わずに国民年金、国民健康保険に加入していたサラリーマンや公務員の妻にとっては、新たに保険料の支払いが生じますので、負担が大きくなるかもしれません。

ちなみに、月8万8000円の収入だと、保険料は月約8000円。これで1年働くと、将来もらえる年金への上乗せ額は月500円ほど。10年間働いた上乗せ額は月4500円ほどです。

月4500円でも、1年では5万4000円ですので、ちょっとしたお小遣いにはなるかもしれません。

POINT

専業主婦は、社会保険に加入すると手取りが減る。ただし、もしもの時には傷病手当金も出るというメリットも。

⑥週1回のパートでも、「有給休暇」は取れる！

「正社員並みに働いているけれど、パートなので有給休暇は取れないだろう」なんて思っている人はいませんか？

正社員と同じように働いているパート（週30時間以上）なら、「有給休暇」は取れるかもしれないけれど、週に1日のパートや週に2日のパートでは、「有給休暇」など取れないだろうと思っている人が意外に多いようです。

けれど、208ページの図表5－3を見ていただければわかるように、**週1日しか働いていないパートでも、6カ月以上勤務していれば、年間1日の「有給休暇」を取ることができます。**

さらに、4年6カ月以上働いていたら、年間3日の「有給休暇」を取ることができます。

大手旅行予約サイト、エクスペディアが2018年に発表した調査結果によると、日本人の「有給休暇」の取得率は、世界19カ国のうち3年連続で最低でした。ワースト2位のオーストラリアでも「有給休暇」の取得率は70%。フランスやスペイン、ドイツ、ブラジルで働く人の取得率は、なんと100%。一方の日本は50%です。

この結果の背景には、「有給休暇」という制度があることは知っているけれど中身がよくわからないという人がいたり、人手不足なので誰かが休んでしまうと仕事が回らなくなるという事情もあったりするようです。

さらに、周囲の目が気になって、満足に「有給休暇」が取れないという人もいるかもしれません。

そうした現状を改善する意味もあり、**日本でも2019年4月からは、「有給休暇」の取得が義務化**されました。

「有給休暇」の取得の義務化で、どんなことが起こるかは、次の項で見てみましょう。

POINT

週1日しか働いていないパートでも、「有給休暇」は取れる。周囲に気兼ねせずに申請を。

⑦「有給休暇」は、権利から義務になった⁉

2019年4月から、「有給休暇」を取る権利に加えて、取らせる「義務」が発生しました。

これまで「有給休暇」は、社員の申し出に従って会社が与えるというものでした。ですから、社員が「有給休暇」を申し出なければ、与えられませんでした。

ところが、**2019年4月からは、社員が「有給休暇」を申し出なくても、会社が「義務」として「有給休暇」を取らせなくてはならなくなりました。**

もし取っていない社員やパートがいたら、たとえ希望していなくても、会社側が

図表5-3●年次有給休暇の付与日数と年5日以上の年休取得義務化の対象労働者

（網かけ）＝年5日以上の年休取得義務化の対象労働者

週30時間以上または週5日以上の場合（正社員など）

勤続年数	6カ月	1年6カ月	2年6カ月	3年6カ月	4年6カ月	5年6カ月	6年6カ月以上
付与年数	10日	11日	12日	14日	16日	18日	20日

週30時間未満で、週1～4日の場合

勤続年数／労働日数※	6カ月	1年6カ月	2年6カ月	3年6カ月	4年6カ月	5年6カ月	6年6カ月以上
週4日（年169～216日）	7日	8日	9日	10日	12日	13日	15日
週3日（年121～168日）	5日	6日	6日	8日	9日	10日	11日
週2日（年73～120日）	3日	4日	4日	5日	6日	6日	7日
週1日（年48～72日）	1日	2日	2日	2日	3日	3日	3日

※年所定労働日数

厚生労働省資料をもとに作成

「○月○日には、有給休暇を取って休んでくださいね」と、取得日まで指定して取らせなくてはならなくなりました。

これに**違反すると、従業員1人につき最大で30万円の罰金が会社側に科せられます。**

対象となるのは、年間10日以上の「有給休暇」がある人で、図表5－3のグレーの囲み部分に該当する人になります。

ですから、コンビニエンスストアで週4日働いているという人も、3年6カ月以上勤務していたら対象になります。この人たちに対して、雇用者は年間5日以上の「有給休暇」を取らせなくてはいけないのです。

これは、中小企業にも義務づけられていますが、「義務」になったことを知らない会社もあるので、もしそうだったら、それとなく社長に確認してみましょう。

POINT

社員やパートが申し出なくても、会社の「有給休暇」は「義務」。「義務化」を知らない会社もあるので、働くなら確認を。

⑧ 働きながら、割安に資格が取れる

新元号「令和」の幕開けに合わせて、新しいビジネススキルを身につけたいと考える人もいるでしょう。

そんな人におすすめなのが、**「教育訓練給付制度」を使った資格の取得。**

「教育訓練給付制度」とは、**雇用保険加入者が給付の対象になる資格をとった場合に、かかった費用の一部を補助してもらえるという制度。**「一般教育訓練」と「専門実践教育訓練」があります。

雇用保険は、正社員やパートなどの労働者が失業した際の生活費を保障することを

目的としたもので、31日以上雇用され、週20時間以上働く人なら、学生以外は誰でも加入できます。

夫の扶養に入っているパート主婦で、国民年金、国民健康保険の保険料を支払っていないという場合でも加入できるので、多くの人がこの「教育訓練給付制度」を利用しているのではないでしょうか。

給料アップにつながる講座がたくさん

「一般教育訓練」は、雇用保険の加入期間が1年以上あり、現在働いている人、また、退職後でも1年以内なら利用できます。

指定講座を修了後、ハローワークに修了証明書などを提出すると、**受講費用の20%、上限10万円までが支給**されます。

指定講座は、税理士など難関資格の取得講座から、語学、パソコン技能関連、フードコーディネーターや色彩検定など多種多様。今の仕事の延長線上にあって、仕事に役立つ資格の取得を目指すといいでしょう。

例えば、介護職の人なら、介護福祉士実務者研修や介護福祉士の資格取得を目指す講座を受けキャリアアップを図るとか、事務職なら、簿記検定を受けて経理の専門スキルを磨くなど、今の職場での時給アップや、転職の際に有利に働く資格がおすすめです。

3年間で最大168万円まで支給される

「専門実践教育訓練」は、雇用保険の加入期間が2年以上あり、現在働いている人か、退職後1年以内の人が利用できます。

より専門的な講座が中心なので、**受講費用の50％、上限40万円までが支給されます。**こちらは最大３年間までが対象になりますので、合計１２０万円まで補助されることになります。

また、取得した資格を生かして職に就いたら、さらに20％が支給されます。

ですから、受講中に受け取った給付金と合わせると、受講費用の70％、３年間で最大１６８万円まで支給されます。

「専門実践教育訓練」の講座は専門的なものが中心で、受講期間も年単位のものがほとんどです。

例えば、保育士の資格取得には2年間で１２０万円から２００万円かかりますが（昼間通学の場合）、仮に１６０万円かかったとして、そのうちの70％に当たる１１２万円が補助されるので、自己負担は48万円で済みます。

指定講座は全国各地にあります。少ない負担でスキルアップしていける制度です。
詳しくはハローワークでご相談ください。

POINT

雇用保険の加入者なら、補助を受けながら資格が取れる。
一般的な資格から専門的なものまで、キャリアアップしたい人は注目。

⑨ 働いたら税金を払う

働いて、一定以上の収入を得ている人は、「所得税」と「住民税」を支払わなくてはなりません。

サラリーマンの場合には、あらかじめ給料の中から、その年に支払うことが予想されている「所得税」が、少々多目に徴収されています。

これが、**年末に「年末調整」で精算され、払いすぎた人は税金が戻ってくる**ようになっています。

「住民税」は、前年の収入から計算され、次の年の6月から徴収されます。

ですから、新入社員の場合、1年目には「住民税」の徴収がなく、2年目の6月から、給料からの天引きが始まるので、税金が一気に増えた気がするかもしれません。

また、定年退職して収入が減ってしまっても、「住民税」は前年の高い収入をもとに計算されます。その心づもりをしておかないと、徴収される際に慌てることになるかもしれません。

ちなみに、「住民税」をたくさん払っているという人は、「ふるさと納税」で好きな自治体に寄付してはいかがでしょうか。

「住民税」や「所得税」が控除・還付になるうえ、自治体からさまざまな返礼品が送られてきます。

控除の上限額まで寄付をする場合、実質的な自己負担は2000円になります。

例えば、年収500万円の共働き家庭に、高校生と大学生の子どもがいる場合には、上限の目安は3万3000円になります。

POINT

「ふるさと納税」で、「所得税」と「住民税」が控除される。自治体からの返礼品で楽しみながら税金対策!

⑩ サラリーマンでも、確定申告が必要な人もいる

サラリーマンの場合、税金は給料の中から天引きされるので、自営業者のように納税のための確定申告をする必要はありません。

ただし、**サラリーマンでも年間収入が2000万円を超えているなど、218ページの図表5－4に該当する場合は、確定申告をしなくてはなりません。**

また、年末調整では戻してもらえない税金があります。こうしたものは確定申告で取り戻さなければいけません。

サラリーマンの確定申告は、すでに年末調整で税金を徴収されている中から、支払い過ぎの税金を戻してもらうというもの。これは「還付申告」といい、**確定申告の締**

図表5-4●サラリーマンで確定申告が必要な人

- ☑ 給与の年間収入金額が2000万円を超える人
- ☑ 1カ所から給与の支払いを受けている人で、給与所得および退職所得以外の所得の金額の合計額が20万円を超える人
- ☑ 同族会社の役員などで、その同族会社から貸付金の利子や資産の賃貸料などを受け取っている人
- ☑ 災害減免法により源泉徴収の猶予などを受けている人
- ☑ 源泉徴収義務のない者から給与などの支払いを受けている人
- ☑ 退職所得について正規の方法で税額を計算した場合に、その税額が源泉徴収された金額よりも多くなる人

図表5-5●確定申告で税金が戻る場合

- ☑ 医療費が年間10万円を超えた
- ☑ 住宅ローンを組んだ
- ☑ 寄付をした
- ☑ 中途退職で年末調整を受けていない

め切りの3月15日を過ぎたとしても、5年まで遡って申告できます。

つまり、5年前に支払い過ぎの税金があったら、それも取り戻せるということです。

サラリーマンが、確定申告で税金を取り戻せるのは、主に図表5－5に該当する場合です。

次の項では、その中でもポピュラーな、医療費について見てみましょう。

POINT

サラリーマンでも、確定申告すれば取り戻せる税金がある。5年前まで遡って申告できるので、もらい忘れを要チェック！

⑪ 医療費控除は、家族でまとめてトクをする

年間に支払った医療費が10万円を超えていれば、医療費控除の対象になります。実際に支払った金額から民間の保険などで補填された金額を引き、さらにそこから10万円を引いた額が医療費控除の対象額です。総所得金額が200万円に満たない人は医療費の合計額から総所得金額の5％を引いた額が対象です。

医療費控除の対象となるものには、診療費や入院費、投薬料のほか、図表5－6のようなものもあります。

市販の薬でも、治療を目的としたものは対象になりますが、疲労回復目的で購入した栄養ドリンクやビタミン剤などは対象になりません。

図表5-6●医療費控除の対象となる主なもの

●寝たきりの人のおむつ代
●指定運動療法施設の利用料金
●ストマ用装具の購入費用
●B型肝炎患者の介護にあたる同居の親族が受ける同ワクチンの接種費用
●白内障等の治療に必要な眼鏡の購入費用
●市町村または認定民間事業者による在宅療養の介護費用

また、病院への通院費なども、自分の車で行く時のガソリン代や駐車場代は医療費控除の対象外。タクシーも、緊急を要する時にやむを得ず使う場合を除いては、基本的には対象外です。

入院時、寝間着や洗面用具、タオルなどの身の回り品を買った代金も対象にならず、医師や看護師への謝礼、自己都合で入った個室なども同様です。

微妙なのは、おむつやマスクなどの購入費。おおむね半年以上寝たきりで医師の治療を受けている人のおむつ代は医療費控除

の対象ですが、赤ちゃんのおむつ代は治療目的ではないので対象になりません。

温泉やジムなども、医師の指導があって条件をクリアしているものなら、医療費控除の対象になります。

医療費控除は、1年間に使った家族全員のものを合算し、もっとも税率が高い、つまり収入が多い人が確定申告をすると、たくさんお金が戻ります。

POINT

家族全員の医療費をまとめれば、意外と高額に。10万円を超えていたら、確定申告で税金を取り戻す！

著者紹介

荻原博子　おぎわら・ひろこ

1954年、長野県生まれ。経済ジャーナリスト。経済事務所に勤務後、1982年にフリーの経済ジャーナリストとして独立。難しい経済と複雑なお金の仕組みを、わかりやすく解説。早くからデフレ経済の長期化を予測し、家計のスリム化や現金の重要さ、ローンの危うさを説き続ける。「サンデー毎日」をはじめ数多くの雑誌、新聞に連載中。テレビ、ラジオでもレギュラーを持ち、一貫して、庶民の視点で生活に根ざした独自の〝家計論〟を展開している。著書に『投資なんか、おやめなさい』（新潮新書）、『年金だけでも暮らせます　決定版・老後資産の守り方』（PHP新書）、『荻原博子のグレート老後　人生100年時代の節約術』（毎日新聞出版）など多数。

荻原博子《おぎわらひろこ》の貯《た》まる家計《かけい》

印刷　2019年6月15日
発行　2019年6月30日

著者　荻原博子《おぎわらひろこ》
発行人　黒川昭良
発行所　毎日新聞出版
〒102-0074 東京都千代田区九段南1-6-17 千代田会館5階
営業本部 03-6265-6941
図書第二編集部 03-6265-6746
印刷・製本　図書印刷

ISBN978-4-620-32589-7